국가직무능력표준
NCS 기반
교수법과 실제

이찬주 김대들

손주민 안재영

이병욱 최창원 손호일

박영story

디지털대전환으로 사회 변화와 기술 변화의 가속화가 이루어지고 있는 맥락에서 직업교육이 현재를 거쳐 미래 사회가 요구하는 직업교육으로 자리매김할 수 있기 위해서는 직업교육의 사회적, 경제적, 교육적 역할과 기능이 어떻게 변화해야 하는가를 고민해야 하는 시점에 와 있다. 이러한 상황에서 우리 사회가 요구하는 인적자원의 질과 수준을 바탕으로 인력의 양성, 선발, 배치, 활용과 관련한 국가 수준의 표준을 설정하고 이를 참고(reference)할 수 있는 내용 체계와 수준을 담은 공공재를 개발하여 활용하는 것은 매우 유의미하다. 이러한 관점에서 국가 및 산업의 발달 단계에 맞추어 직업교육에서의 국가직무능력표준(National Competency Standards, NCS) 활용을 위한 교육과정과 이를 어떻게 가르치고 학습할 것인가에 대한 실천적 논의와 사례의 확산은 중요하다.

이 책의 주요 핵심어인 국가직무능력표준에 대한 개념이 우리나라 교육계에서 처음 언급된 것은 1996년 5.31 교육개혁에서였다. 그 이후 국가직무능력표준은 직업교육 분야의 실질적인 혁신을 도모하고 국제화를 가능케 하는 주요 개념이자 수단의 원천이 되었다. 직업교육 분야에서 NCS를 어떻게 적용하고 활용할 수 있지를 가치와 역할의 관점에서 제시하면 다음과 같다.

첫째, NCS는 직업교육의 인력 양성 목표와 역할에 대한 방향성을 제시해 준다. NCS에는 직무별 인력양성 유형, 내용 체계, 수준이 제시되어 있고 이러한 사항들은 국가역량체계(Korean Qualifications Framework, NQF)와 연계되어 있다. 따라서 NCS는 이러한 시스템 속에 직업교육을 담당하고 있는 학교급별, 학과별, 학생 수준별 직업교육훈련이 가능하도록 내용별, 수준별 인력 양성 목표와 유형을 고용분류상의 직무별로 명확하게 구분하여 제시해 준다는 데 있어 그 가치가 있다.

머리말

둘째, NCS는 직업교육과정 개발의 측면에서 효율성을 제공해 준다. 직업교육을 담당하고 있는 단위 학교가 산업 수요에 기반한 교육과정을 개발하기에는 전문성과 비용적인 측면에서 한계가 있다. NCS는 이러한 사항들을 해결해 준다는 측면에서 그 가치가 있다. 직업교육과정 개발 단계와 절차는 단위 학교에 적합한 전공 및 학과 선정, 그리고 이에 기반한 교육과정을 개발하는 데 있어 매우 중요한 구성 요소이자 단계이기 때문이다.

셋째, NCS는 직업교육이 직무습득과 관련된 교육훈련을 수행할 때 해당 직무와 관련된 인지적, 정의적, 심동적 영역의 학습 내용과 기술을 학습자에게 균형적으로 함양시킬 수 있는 기회를 제공해 준다는 측면에서 가치가 있다. NCS는 능력단위별로 해당 직무 내용과 관련된 지식, 기술, 태도, 그리고 이러한 직무가 구현되는 산업 현장의 환경적 조건으로 구성된 체계를 가지고 있다. 그러므로 NCS 기반 교육과정은 이를 이수한 학생들의 숙련의 균형성, 태도, 그리고 산업 현장 적응 능력을 향상시킬 가능성을 높여주는 역할을 하게 될 것이다.

넷째, NCS를 활용한 학습 모듈은 기술적 내용의 전달 위주로 운영되었던 기존 직업교육의 교수·학습 방법에 대한 개선과 변화에 기여할 것이다. 학습 모듈은 기본적으로 완전학습을 지향하고 있으며, 학습자의 개인차에 따른 수준별 자기 주도적 학습이 가능한 교육 방식을 기본으로 하고 있다. 이러한 특성을 참고해 본다면 학업성취도 측면에서는 과거와 달리 다양한 분야에서 학업 성취 스펙트럼을 가지고 있는 직업교육 참여 학생들에게 적합한 교수·학습 환경을 제공해 줄 수 있다. 따라서 여러 형태의 교실과 실험·실습 상황에서 다양한 학업성취도를 가지고 있는 학습자를 대상으로 능력단위 또는 능력단위 요소별 1~8 수준까지의 표준화된 내용 체계를 학습자의 수준과 연계한 수준별 학습을 시도

한다면 직업교육 대상자의 학업성취도 및 해당 기술의 숙련도를 향상시킬 중요한 수단으로 활용될 수 있다.

다섯째, NCS는 일-학습-자격 간의 연계뿐만 아니라 중등단계-고등단계-평생학습 단계를 비롯한 교육의 과정과 훈련의 과정을 연계시켜 개인 학습자의 능력을 필요한 시간, 내용, 공간에 따라 연속적으로 개발할 수 있는 체계 구축이 가능하다. 능력중심사회 조성과 역량 중심의 NCS 기반 인재 채용 확대에 따라 직업계고와 전문대학에 한정된 것으로 인식되던 직업교육의 범위가 4년제 대학 이상으로 확산되고 있는 상황에서, NCS는 이들 학교급 간을 비롯한 평생교육 차원에서 지속적인 직업능력개발을 할 수 있는 기회와 이정표를 제공해주는 역할을 하게 될 것이다. 특히, 현재 4년제 대학의 학부교육이 전통적인 학문 중심 교육에서 벗어나 다양한 실무 중심 교육과정이나 프로그램을 편성·운영하고 있고, 실제 대학 교육과정에 NCS와 직업기초능력을 적용하여 다차원적인 교육과정으로 개편하거나 취업지원을 위한 프로그램을 개발·운영하고 있다는 점은 NCS를 기반으로 한 평생직업능력개발 체계와 다양한 접근 기회의 확장성에 기여할 수 있을 것이다.

여섯째, NCS는 직업교육을 통해 달성한 개인 학습자의 능력을 인정하는 기준과 체계를 제공해준다는 측면에서 가치가 있다. NCS와 학습 모듈에 제시된 수행 준거를 비롯하여 이와 연계된 각종 NCS 기반 자격 제도를 통하여 개인이 함양한 능력의 내용과 수준을 기록 또는 인정받게 됨으로써 직업교육을 통해 체득한 능력에 대한 신호기제의 기준과 입직 및 직무 배치를 위한 수단적 기제로서의 역할을 담당하게 될 것이다.

머리말

일곱째, NCS를 기반으로 국내에서 공인받은 기술과 숙련이 글로벌화 되어가고 있는 노동시장에서 인정받을 수 있는 기회 요인이 됨과 동시에, 인력의 국제적인 이동성과 통용성을 확대할 수 있는 토대가 될 수 있다는 측면에서 가치가 있다. 따라서 앞으로 NCS와 이를 기반으로 한 교육과정과 평가 결과는 국가간 인력 수준의 상대적인 위치를 판단할 수 있는 기준으로서의 역할을 할 것이다.

앞서 전술한 직업교육 분야와 NCS의 상호작용적인 가치와 역할의 측면에서 이를 적극적으로 확산시켜 나가기 위해서는 NCS와 이를 기반으로 한 교육과정에 담긴 내용을 어떻게 학생들에게 전달할 것인가와 관련성이 높은 교수·학습 방법과 실제 사례들을 정리하여 보급하는 것이 매우 중요한 과정이 될 것이다. 특히, NCS 기반 교육과정에 편성된 실무과목 운영에 필요한 NCS 학습 모듈을 어떻게 활용해야 하는지에 대한 방법과 관련된 요구가 높은 상황을 고려한다면 NCS 기반 교수·학습 방법과 사례를 정리한 이 책의 활용도가 더욱 클 것으로 예상된다. 그 이유는 NCS 학습 모듈이 기존 교과서에 상당하는 지위는 얻었지만 그동안의 교수·학습 과정에서 구체적 학습 내용과 정보를 제공하였던 기존의 교과서가 아닌 기본적인 관련 지식과 산업 현장에서의 활용성 중심으로 구성된 체계에 학교 구성원들이 아직 적응하지 못하고 있는 실정이기 때문이다.

따라서 이 책은 NCS 기반으로 한 교육과정을 운영하고자 하는 다양한 학교급에서 NCS 학습 모듈과 단위 학교와 연계된 산업체의 요구에 기반한 학습 내용을 상호 블렌딩하여, 새로운 교수·학습 패러다임 변화에 교원들이 적응하는 데 도움이 될 것으로 예상한다. 아울러 학습 모듈에 의한 수업, 특히 실험·실습이 가능한 학습 환경 구축 및 개선에도 기여할 것으로 기대된다.

2022. 2. 15. 집필자 일동

목차

I
NCS 기반 강의법과 실제

II
NCS 기반 시범 학습의 방법과 실제

목차

III
NCS 기반 협동학습 방법과 실제

IV

NCS 기반 토의 · 토론 학습 방법과 실제

목차

V

NCS 기반 문제해결법과 실제

VI

NCS 기반 프로젝트 기반 학습과 실제

I

NCS 기반 강의법과 실제

1. 강의법의 개요
2. 강의법의 교수·학습 모형
3. 강의법을 활용한 NCS 기반 교수·학습 전략
4. 강의법의 NCS 교수·학습의 실제

1. 강의법의 개요

강의법은 역사적으로 가장 오래되고 보편화된 교수·학습 방법으로 교사가 학습자에게 직접 언어로 설명하거나 학습내용을 전달하는 방법이다. 강의법은 교사 주도의 일방적인 수업 방법이기 때문에 학습자가 교사가 전달하는 학습내용을 수동적으로 받아들인다는 단점을 갖고 있지만, 대규모의 학습자를 대상으로 할 때에는 효과적인 방법이다(조규락·김선연, 2006). 그리고 학습내용이 개념과 원리 같은 지식 습득에 초점을 두고 있다.

가. 강의법의 특징

강의법은 교사가 학습자에게 지식이나 정보를 체계적으로 전달하는 것이 주된 목적으로 다음과 같은 특징을 가지고 있다(Newby et al., 1996; 한정선, 2004, 재인용; 조규락·김선연, 2006: 254−255, 재인용).

- 학습내용, 속도, 학습자의 요구에 대해 교사가 제어하기 쉽다.
- 모든 규모의 학급에서 적용될 수 있다.
- 모든 학습자에게 같은 정보를 주게 된다.
- 많은 내용을 빠르게 보여줄 수 있다.
- 학습자가 어떤 행동을 하지 않아도 된다.
- 학습자에게 피드백을 주지 않는 일방향 학습법이다.

이러한 강의법의 특징을 NCS 기반 교수·학습에 효과적으로 적용하기 위해서는 수업 전반에 걸쳐 '문답법'을 가미할 필요가 있다. 그리고 시청각 자료를 활용하여 학습자들이 학습내용을 쉽게 이해하도록 하거나 학습내용과 관련된 문제를 제시하고 학습자들이 문제를 해결할 수 있도록 토의나 토론 활동을 실시할 수 있다.

> ### 📖 읽어보기 │ 문답법이란?
>
> 문답법은 교사와 학습자가 서로 질문과 답을 함으로써 학습을 전개해 가는 교수방법으로 교사와 학습자 사이의 상호작용을 전제로 한다. 개념과 원리에 대한 비교·비판·가치 판단 등의 논술력, 학습자의 탐구능력, 추상적 사고, 비판적 태도를 성장시킬 수 있는 유용한 방법이다(이화여자대학교 교육공학과, 2001; 조규락·김선연, 2006: 280, 재인용).

나. 강의법의 원리[1)]

강의법은 설명식 수업의 일환으로 다음과 같은 원리가 적용되어야 한다.

1) 선행 조직자의 원리

선행 조직자는 새로운 학습내용과 이전 학습내용을 연결시켜 주는 자료로써 학습자가 새로운 학습내용을 효과적으로 학습할 수 있도록 선행지식을 활용하는 자료이다. 선행 조직자는 새로운 학습내용과 이전 학습내용 간의 관계를 학습자가 유추해낼 수 있도록 구체적이어야 하고 실제 예를 포함해야 한다 (Gredler, 2006).

2) 점진적 분화의 원리

점진적 분화는 학습내용 중에서 가장 일반적이고 포괄적인 의미를 먼저 제시하고 점차 세분화되고 특수한 의미로 분화되는 것을 의미한다.

---

1) 변영계(2005). 교수·학습 이론의 이해(2판). 서울: ㈜학지사. p. 392－393.

3) 통합 조정의 원리

새로운 개념이나 의미는 이미 학습된 내용과 일치되어 통합되어야 하며, 이를 위해 교육과정은 계속되는 학습이 이전에 학습된 내용과 연계될 수 있도록 조직되어야 한다.

4) 선행학습 요약 · 정리의 원리

선행학습이나 새로운 학습내용에 임할 때 현재까지 학습해 온 내용을 요약 · 정리함으로써 새로운 학습을 촉진시켜야 한다. 요약 · 정리를 하는 방법으로는 해당 학습내용의 반복, 확인, 교정, 명료화 등이 있다.

5) 내용의 체계적 조직 원리

학습의 극대화를 위해서는 학습내용이 계열적이고 체계적으로 조직되어야 하는데, 이를 위해서는 마인드맵을 그려보는 것과 같이 시각화하는 것이 효과적이다.

6) 학습 준비도의 원리

유의미한 학습은 학습자가 가진 지식의 체계와 관련된 지식이 들어올 때 일어난다. 따라서 학습자가 선행했던 경험과 학습을 망라한 인지구조뿐만 아니라 학습자의 관심사, 집중력, 흥미 정도와 같은 발달 수준도 고려해야 한다.

다. 강의법의 수업 설계 전략

강의법은 주로 교실과 같은 전통적인 장소의 학습공간이거나, 개념과 원리 학습의 교수내용으로 새로운 지식 습득에 초점을 두는 교수 · 학습 상황에 적합하기 때문에(조규락 · 김선연, 2006: 280), NCS 능력단위의 내용 요소인 지식, 기술, 태도 중에서 지식을 학습하는 데 적합한 교수 · 학습 방법이다. 그러나 NCS 기반 교육과정의 취지를 살리기 위해서는 학습자에 의해 능동적으로 학습이 이루어지고 개인차를 고려하여 학습자의 능력에 맞게 학습이 이루어져야 한다.

따라서, 교사의 일방적인 강의법보다는 문답법이 포함된 형태의 강의법이 이루어져야 한다. 특히 단순 이론을 학습하기보다는 전공교과의 기본이 되는 이론 및 원리에 대한 깊은 이해와 이를 실제 작업 상황에 적용하기 위한 응용력을 배양하기 위해서는 문답법이 가미된 형태의 강의법이 필요하다.

2. 강의법의 교수·학습 모형[2]

강의법의 교수·학습 모형은 다음과 같은 단계로 이루어진다.

┃표 1 강의법의 교수·학습 모형

단계	기능
도입	수업의 목적을 기술하고 목표를 공유하고 학습자에게 개요를 보여주어 수업의 조직을 알게 한다.
전개	학습내용을 설명하고 지속적으로 학습자가 학습내용을 이해하고 있는지 점검하고 피드백한다.
통합	새로운 학습내용을 선행 학습과 연결하고 새로운 학습의 다른 부분들을 서로 연결하여 학습내용을 통합한다.
평가 및 정리	학습목표 도달 여부를 평가 및 피드백하고 수업을 요약 및 정리한다.

가. 도입

도입은 수업의 목적을 기술하고 목표를 공유하고 학습자에게 개요를 보여주어 수업의 조직을 알게 하는 단계로서 다음과 같은 구성 요소를 포함한다.

┃표 2 도입 단계의 구성 요소

구성 요소	기능
도입 초점(동기 유발)	학습자의 주의를 끌고 학생들을 수업으로 이끈다.
학습목표	학습목표를 확인한다.
개관	주제의 개관을 제공하고 주요 개념이 어떻게 상호 관련되는지 보여준다.

---

2) 강의법의 교수·학습 모형은 Eggen & Kauchak(2006: 405－448)의 강의－토의 모형을 강의법에 맞게 수정하여 기술되었음. Eggen, P. D., Kauchak, D. P. (2006). Strategies for Teachers. 임청환, 권성기 (역). 교사를 위한 수업전략. 서울: ㈜시그마프레스. (원서출판 2001)

1) 도입 초점(동기 유발)

도입 초점은 학습자의 주의를 끌고 학습자를 수업으로 이끄는 시작 단계의 일련의 교사 행동으로서, 학습자에게 주의를 끌고 유지할만한 흥미로운 무엇인가를 제공하는 것이다. 일반적으로 재미있고 도전적인 문제를 이용하거나 관련 매체나 그림을 활용하여 학습자의 흥미를 불러일으킬 수 있다. 학습자의 동기를 효과적으로 유발하기 위하여 다음과 같은 요소들이 필요하다(조규락·김선연, 2006: 191–192).

① 주의(attention): 학습을 위해서는 학습자가 최소한 학습내용에 흥미를 갖고 주의를 집중해야 한다.
② 관련성(relevance): 학습내용이 학습자의 미래, 취업, 경험 등 개인적인 흥미나 목적과 관련되어야 한다.
③ 자신감(confidence): 학습자가 학습과제를 수행할 수 있고, 학습할 수 있다는 자신감이 있어야 한다. 이를 위해서는 학습자의 능력을 고려하여 너무 어렵지 않은 성취 가능한 학습목표가 필요하다.
④ 만족감(satisfaction): 학습 결과가 학습자의 기대와 일치하여 만족감을 느낄 수 있도록 해야 한다. 이를 위해 학습 이후의 적절한 보상이 필요하다.

Keller는 동기 유발 모형으로 주의(attention), 관련성(relevance), 자신감(confidence), 만족감(satisfaction)의 앞머리 글자를 딴 ARCS 모형을 제안하였는데, 자세한 내용은 <표 3>과 같다.

▌표 3 ARCS의 하위 개념과 동기 유발 질문 및 지원 전술

구성 요소	하위 개념	동기 유발 질문	지원 전술
A (주의)	지각적 각성	흥미를 끌기 위해 무엇을 할 수 있을까?	새로운 접근을 사용하거나 개인적, 감각적 내용을 넣어 호기심과 놀라움 만들기
	탐구적 각성	탐구하는 태도를 어떻게 유발할까?	질문, 역설, 탐구, 도전적 사고를 양성함으로써 호기심 증진시키기

구성요소	하위 개념	동기 유발 질문	지원 전술
R (관련성)	변화성	주의집중을 어떻게 지속시킬 수 있을까?	자료 제시 형식, 구체적 비유, 흥미 있는 인간적인 실례, 예기치 못했던 사건들의 변화를 통해 흥미 지속하기
	목적 지향성	학습자의 요구를 어떻게 최적으로 충족시켜 줄 수 있을까? (내가 그들의 요구를 아는가?)	수업의 유용성에 대한 진술문이나 실례를 제공하고, 목적을 제시하거나 학습자들에게 목적을 정의해 보라고 하기
	모티브 일치	수업을 학습자의 학습양식과 개인적 흥미에 언제, 어떻게 연결시킬까?	개인적인 성공기회, 협동학습, 지도자적 책임감, 긍정적인 역할 모델 등의 제공을 통해 학습자 동기와 가치에 민감하게 반응하는 수업 만들기
	친밀성	수업과 학습자의 경험을 어떻게 연결시킬까?	구체적인 실례와 학습자의 환경이나 환경과 관련된 비유를 제공하여 교재와 개념들을 친밀하게 만들기
C (자신감)	학습 요건	성공에 대한 긍정적 기대감을 어떻게 키워줄 수 있을까?	성공요건과 평가준거에 대해 설명하여 믿음과 긍정적인 기대감을 확립하기
	성공 기회	자신의 역량에 대한 믿음을 향상시킬 수 있는 학습경험을 어떻게 제공할까?	학습의 성공을 증가시키는 많은 다양한 도전적인 경험을 제공하여 역량에 대한 신념을 증가시켜 주기
	개인적 통제	학습자가 자신의 성공이 스스로의 노력과 능력에 의한 것이라고 어떻게 알 수 있을까?	개인적인 통제(가능할 때마다)를 제공하는 기법을 사용하고, 개인적 노력 때문에 성공했다는 것에 대해 피드백 제공하기
S (만족감)	내재적 강화	학습경험에 대한 학습자들의 내재적 즐거움을 어떻게 격려하고 지원할까?	개인적 노력과 성취에 대한 긍정적 느낌을 제공할 수 있는 피드백이나 정보를 제공하기
	외재적 보상	학습자의 성공에 대한 보상으로 무엇을 제공할까?	언어적 칭찬, 실제적이거나 추상적인 보상, 인센티브를 사용하거나, 학습자들로 하여금 그들의 성공에 대한 보상을 제시하도록 하기
	공정성	공정성 처리에 대한 학습자들의 지각을 어떻게 만들어 줄까?	진술된 기대와 수행요건을 일치시키고, 모든 학습자의 과제와 성취에 있어서 일관성 있는 측정기준 사용하기

출처: 조규락 · 김선연(2006). 교육방법 및 교육공학-교육공학의 3차원적 이해-. 서울: ㈜학지사. p. 192.

2) 학습목표

학습내용을 조직화된 지식 체계로 습득하기 위해서는 학습목표가 무엇인지 인지하는 것이 중요하다. 학습목표는 학습자가 이 수업을 마친 후에 이해하거나 수행할 수 있게 되는 지식이나 행동을 명세화한 형태이다. 학습목표를 NCS 기반 교육과정에 적용하기 위해서는 학습자가 학습내용을 정확하게 학습했는지를 파악하는 것이 중요하기 때문에 구체적인 행동 명사로 진술하는 것이 중요하다.

3) 개관

개관은 수업 구조(학습내용을 시각적으로 조직화)와 선행 조직자(선행 학습내용과 새로운 내용의 사이를 연결)를 제시함으로써 학습자가 전체적인 학습내용을 파악하도록 한다.

우선 수업 구조는 학습내용을 시각적으로 조직화한 것으로 개념 조직, 모형, 그래프, 분류표, 마인드맵 등의 형태로 제시할 수 있다. 특히 수업 구조로 표시된 학습내용 중에서 학습자의 배경지식이나 선행 학습된 내용이 무엇인지를 파악하여 학습자의 출발점을 고려해야 한다.

선행 조직자는 선행 학습내용과 새로운 내용을 연결하는 것으로, 오늘 학습할 자료를 미리 보여주고 학습자가 이미 알고 있는 내용과 학습할 내용을 연결시키도록 진술하는 것이다.

나. 전개

학습자에게 학습내용을 설명하며, 지속적으로 학습자가 학습내용을 이해하고 있는지 점검하고 피드백하면서 수업을 전개해 나간다.

1) 제시

학습내용을 설명하는 단계로 '도입'의 개관 부분에서 제시한 수업 구조와 선행 조직자를 기반으로 하여 설명한다. 가장 중요한 것은 지식이 단독으로 학습되지 않고 누적되며 지식들끼리 상호 연결되기 때문에 해당 과목의 단원 전반에 걸친 학습내용과 연계되도록 전체적인 수업 설계를 하는 것이다. 학습내용을 전달하기 위해서는 교수매체를 활용하는 것이 효과적이다. 교수매체를 선정할 때에는 다음과 같은 사항들을 고려한다(조규락·김선연, 2006: 234).

- 학습자 특성: 학습자의 나이, 성별, 지적 수준, 적성, 성격, 태도 등을 고려하여 학습자가 좋아하는 매체를 활용한다.
- 수업 상황: 교실 크기와 학습자 수 등을 고려하여 대집단 수업인지, 소집단 수업인지 등에 따라 매체를 선정한다.
- 학습목표와 내용: 학습목표와 내용에 맞게 매체를 선정하는데, 예를 들어 실물을 보여주거나 사진 및 동영상 자료를 보여주는 매체를 선정한다.
- 비용 및 시설: 교수매체 활용에 소요되는 비용과 필요 시설 등을 고려하여 매체를 선정한다.

2) 이해 점검

이해 점검은 학습자의 이해를 비형식적으로 평가하는 과정으로 교사의 질문을 통해 이루어지기 때문에 문답법을 적용하는 것이 바람직하다. 이해 점검은 학습자의 수업 참여를 촉진하고 학습자의 학습 결과에 대해 피드백을 제공하기 때문에 중요하다. 이해 점검의 효과적인 방법은 문답법을 이용하는 것이다.

▌표 4 이해 점검의 방법

방법	내용
질문	질문을 제시하고 학습자가 질문에 대한 답을 쓰게 한 후, 그것을 공유하기 위해 발표한다. 경우에 따라 짝과 답을 공유하게 하고 마지막에 전체 학습자를 대상으로 발표한다.
투표	질문이 논쟁의 여지가 있거나 판정이 요구될 때, 학습자가 의견을 형성하고 손을 들어 투표하고 그룹과 함께 생각을 공유한다.
전체 응답	질문이 하나의 정답을 가지는 경우에 적합하며, 전체 응답이 모든 학습자를 참여시키기 위해 사용될 수 있다.

문답법에서는 다음과 같은 조건을 갖추어야 한다(Arends, 1994; 한정선, 2004, 재인용; 조규락·김선연, 2006: 280, 재인용).

① 질문은 명확하고 간결해야 하며 목적이 뚜렷해야 한다.
② 질문은 학습자의 경험과 지식 안에서 해야 하며, 개인차를 고려해야 한다.
③ 교사는 학습자가 답을 완성된 문장으로 구현할 수 있도록 지도해야 한다.

다. 통합

통합은 새로운 학습내용을 선행 학습에 연결하고 새로운 학습의 다른 부분들을 서로 연결하는 과정이다. 새로운 지식이 오래된 지식과 통합되지 않는다면, 또 새로운 지식의 각 부분이 서로 통합되지 않는다면, 교과의 전체 학습내용 간의 체계적인 학습이 이루어지기 어렵다.

이해 점검과 마찬가지로 문답법은 통합을 촉진하는 효과적인 전략이다. 이때 중요한 것은 여러 지식 사이의 유사점과 차이점에 대한 질문을 통하여 학습자들이 여러 지식들이 서로 어떻게 연관되는지를 파악할 수 있도록 해야 한다.

라. 평가 및 정리

평가는 학습자가 학습목표에 도달했는지 여부를 간략히 평가하는 것으로 진단 평가나 총괄평가보다는 형성평가의 취지로 이루어지는 것이 바람직하다. 평가는 '이해 점검'이나 '통합'과정의 문답법을 통해 충분히 이루어졌다면 자연스럽게 생략할 수 있다.

정리는 학습내용을 요약하고 중요한 점을 강조하여 학습을 완성하는 것이며 새로운 학습에 대한 연결을 제공하는 것이다. 특히 이 부분이 잘 이루어진다면 평가는 충분히 생략할 수 있다.

참고
자료 1

교수·학습 전략과
교수체제설계 모형

1.

Smith & Ragan의 단위 수업 단계별 교수 전략[3)]

1) 도입 단계 교수 전략

- 주의집중 시키기: 재미있고 도전적인 문제를 이용하거나 매체나 그림을 활용하여 학습자의 흥미를 불러일으킴.
- 교수목표 제시: 학습자가 이 수업을 마친 후에 이해하거나 수행할 수 있게 되는 지식이나 행동을 명세화함.
- 학습자의 주의 자극: 수업의 중요성, 학습자와의 관련성을 설명하여 학습동기를 유발하고 유지시킴.
- 수업개관 제공: 수업 시간에 있을 절차, 내용, 활동을 간략하게 요약하여 제공함.

2) 전개 단계 교수 전략

- 선수지식 회상 자극: 이전에 학습한 내용 중에서 본 수업과 관련되어 있는 내용의 지식을 인출하도록 자극함.
- 학습정보와 사례 제공: 학습할 내용, 정보, 지식을 사례와 함께 제공함.
- 주의집중시키기: 학습자가 계속해서 수업에 집중할 수 있도록 함.
- 학습전략의 안내: 그림, 그래픽, 기억술, 심상기법 등 학습목표를 달성할 수 있도록 도와주는 전략을 알려 주고 적용하게 함.

---

3) 조규락·김선연(2006). 교육방법 및 교육공학 ─교육공학의 3차원적 이해─. 서울: ㈜학지사.
  p. 293 ─ 295.

- 반응유도(연습): 학습내용을 습득하도록 학습 활동에 참여시킴.
- 피드백 제공: 학습자가 반응한 또는 연습한 것들이 적절한 것인지, 올바르게 반응한 것인지 확인할 수 있는 기회를 제공함.

3) 정리 단계 교수 전략

- 요약과 복습: 학습내용 중에서 중요한 부분을 요약하고 종합화함.
- 학습전이의 강화: 학습한 내용을 실제의 유사한 상황에서 적용하여 활용할 수 있도록 도와줌.
- 재동기화 및 마무리: 수업이 성공적이었다는 것과 수업이 끝났음을 알려줌.

4) 평가 단계 교수 전략

- 평가: 형성평가를 이용하여 학습자의 학습목표의 성취 여부를 확인함.
- 피드백과 보충학습 제공: 학습자의 학습목표 성취 여부의 결과에 따라 관련 내용에 대한 보완자료나 활동을 제공함.

2. 교수체제설계(ADDIE) 모형

수업설계는 다양한 모형이 있으며 그중 가장 일반적으로 사용하고 있는 것은 교수체제설계 모형(ADDIE)이다(조용개 외, 2009: 22). 그 내용은 다음과 같다.

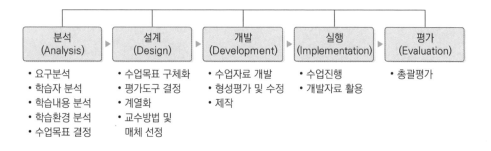

▲ 그림 1 수업설계의 일반 모형

출처: 조용개 외(2009). 성공적인 수업을 위한 교수전략. 서울: ㈜학지사. p. 22.

1) 분석

① 요구분석: 학습자가 수업 후 도달해야 할 목표와 현재 수준 간의 차이로 부터 추출하는 활동이다.

② 학습자 분석: 학년, 전공, 학습 동기, 수업 내용에 대한 사전 학습, 수업 방법에 대한 사전 지식 등을 분석하는 것이다. 이를 위해 관찰, 지필평가, 설문조사 등의 방법을 사용할 수 있다.

③ 학습내용 분석: 수업에서 다룰 내용이 어떤 유형의 것인지를 명확하게 하는 과정이다. 인지적 영역인지, 정의적 영역인지, 기능적 영역인지에 따라

수업 방법이나 전략이 달라지기 때문이다.

④ 학습환경 분석: 수업의 외적 조건에 관한 분석으로 강의실 정보, 수업에 주어진 시간의 양, 수업 공간 및 기구 사항, 활용 가능한 수업매체 정보 등에 대한 검토가 이루어진다.

2) 설계

① 수업목표 구체화: 요구분석을 통해 도출한 수업목표를 달성하기 위해 세부적이고 구체적인 목표를 설정하는 활동이다.

② 평가 도구 결정: 수업의 차시마다 구체적인 목표를 설정한 다음, 수업목표에 근거하여 학습자들의 성취 결과를 확인할 수 있는 방법을 찾는 활동이다.

③ 계열화: 수업 내용을 어떤 순서로 교수·학습해야 효과적일지에 대한 결정이다.

④ 교수 방법 및 매체 선정: 수업목표와 학습내용의 순서가 결정된 후, 어떻게 교수·학습해야 효과적일지를 결정하는 것이다.

3) 개발

① 수업 자료 개발: 교수계획서, 학습 자료, 수업규칙 등이 포함되며, 새로운 수업 자료를 개발할 때는 경제적 비용과 시간적 비용, 활용도 등을 고려해야 한다.

② 형성평가 및 수정: 개발된 수업의 능률과 효과를 증가시키기 위하여 하는 평가활동이다.

③ 제작: 실제로 평가 문항을 제작하는 과정이다.

4) 실행

① 수업 진행: 개발된 수업 자료를 활용하여 실제로 교수·학습하는 과정이다.

② 개발 자료 활용: 수업이 원활히 진행되기 위해서는 개발된 수업 자료를 활용할 수 있는 환경과 매체가 준비되어야 한다. 뿐만 아니라 교사와 학습자가 환경과 매체를 활용하는 데 익숙해야 한다.

5) 평가

① 총괄평가: 학업성취도 평가를 위한 평가로서 수업이 실행된 이후에 학습자들이 수업목표를 달성하였는지, 달성하였다면 그 수준은 어느 정도인지를 확인하기 위한 활동이다.

② 과정중심평가: 총괄평가 결과를 앞 단계에 피드백함으로써 수업설계의 전과정에 걸쳐 이루어질 수 있다. 이는 수업을 위한 사전분석 과정, 수업설계 과정, 수업 자료 개발 과정 그리고 수업실행 과정에 대하여 수시로 평가 자료를 피드백하는 활동이다.

참고
자료 2

NCS 학습모듈이란?

1. NCS 학습모듈의 개요

가. NCS 학습모듈의 개념

NCS 학습모듈은 NCS 능력단위를 교육 및 직업훈련 시 활용할 수 있도록 구성한 교수·학습 자료이다. 즉, NCS 학습모듈은 학습자의 직무능력 제고를 위해 요구되는 학습 요소(학습내용)를 NCS에서 규정한 업무 프로세스나 세부 지식, 기술을 토대로 재구성한 것이다(교육부·한국직업능력개발원, 2016).

NCS 학습모듈의 개념을 구체적으로 제시하면 다음과 같다(김성남 외, 2015).

- NCS 학습모듈은 NCS와 동일하게 국가에서 주관하여 개발 비용을 투입하고, 관련 산업 분야의 인적자원협의체(Sector Councils)와 전문가들이 참여하여 개발한 교육·훈련 교재이다.
- NCS 학습모듈은 NCS 기반 교육훈련과정을 개발하고 운영하는 데 있어서 가장 기본이 되는 참고자료로 활용할 수 있다.
- NCS 학습모듈은 측정 가능한 성취목표를 제시하고 이에 도달하기 위해 필요한 지식, 수행내용, 교수·학습 방법, 평가 방법과 관련 자료 등을 제시한다.
- NCS 학습모듈은 교사보다 학습자 중심의 활용성을 제고하였으며, 교사와 학습자가 서로 교수·학습 상황을 공유할 수 있도록 구성되어 있다.
- NCS 학습모듈은 산업현장의 직무 수행을 중심으로 개발한 교재이므로, 학교현장에서 활용할 때에는 학습자의 능력과 학교 상황에 따라 교육과정 설계와 교수·학습 자료 보완에 교사의 적극적 개입이 요구된다.

• NCS 학습모듈은 NCS와 더불어 직업, 자격 및 교육·훈련을 연결하는 매개체 역할을 한다.

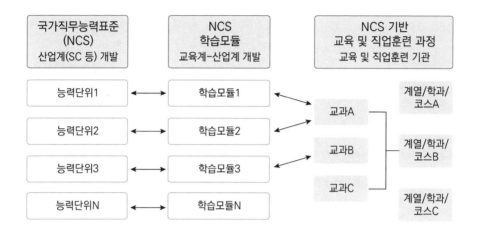

▲ 그림 2 NCS-NCS 학습모듈-교육과정 개념도

출처: 교육부 · 한국직업능력개발원(2016). NCS 학습모듈 개발 매뉴얼.

▍표 5 학교 교육과정 편성 기준 비교

구분	2009 개정 교육과정	NCS 기반 교육과정
교육과정 편성	학문적 과목을 우선 편성	산업수요를 기반으로 인력양성에 필요한 과목을 우선 편성

출처: 교육부. 'NCS 기반 교육과정 적용' 국무회의 보고 보도자료. 2016. 3.

나. NCS와 NCS 학습모듈의 관계

NCS 학습모듈은 NCS 능력단위와 정합성을 갖는다.

• 학습모듈의 명칭은 NCS의 능력단위명을, 학습모듈의 학습목표는 NCS의 능력 단위 정의를, 학습모듈의 학습명은 NCS의 능력단위요소명을 준용한다.
• 학습모듈에서 학습내용의 학습목표는 NCS의 능력단위 기술서에 제시된 수행 준거를 준용한다.

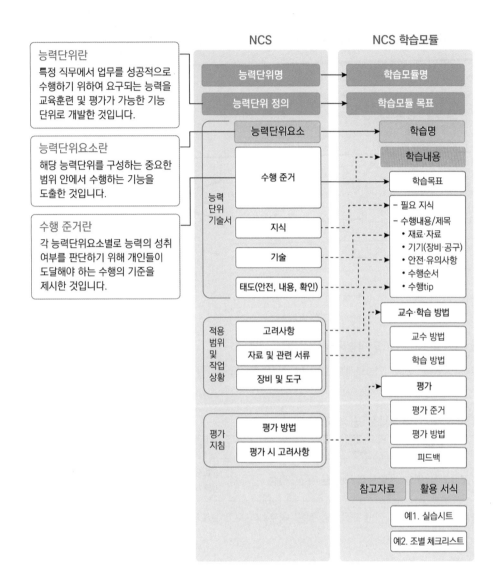

▲ 그림 3 NCS와 NCS 학습모듈 연결체제

출처: https://www.ncs.go.kr

- 학습모듈의 학습내용(필요 지식, 수행내용, 재료 및 자료, 기기(장비 및 공구), 안전
  및 유의사항, 수행tip 등)은 NCS의 능력단위 기술서에 제시된 지식,
  기술, 태도를 참고하여 집필한다.

- 학습모듈의 교수·학습 방법은 NCS의 적용 범위 및 작업 상황을, 학습모듈의 평가는 NCS의 평가 지침을 활용하여 집필한다.
- 능력단위의 크기나 수행 준거 또는 업무내용의 유사성, 학습모듈 운영의 효율성 등을 위해 필요한 경우 여러 능력단위를 하나의 모듈로 구성하거나 (N → 1), 하나의 능력단위를 여러 학습모듈로 구성(1 → N)하여 개발한다.

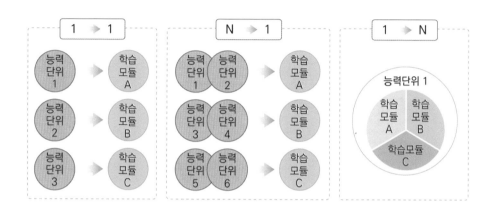

▲ 그림 4 NCS 능력단위와 NCS 학습모듈의 구성 관계

출처: 한국직업능력개발원(2015). NCS 학습모듈 개발 매뉴얼. p. 32.

다. NCS 학습모듈의 특성4)

첫째, NCS 학습모듈은 NCS를 기반으로 하며 NCS와의 정합성을 기본 전제로 한다. 즉, NCS 학습모듈은 NCS의 분류체계에 맞추어 평균적으로 세분류별 능력단위 한 개당 1종을 기준으로 개발되고 있다. 또한 NCS 학습모듈의 수준은 NCS 능력단위와 능력단위요소에 부여된 수준을 고려하여 개발되며, 능력단위에 포함되어 있는 능력단위요소의 구성을 NCS 학습모듈에 거의 그대로 반영하고 있다. 또한 NCS에 제시된 수행 준거는 NCS 학습모듈의 학습목표로 제시되고 있다.

둘째, NCS 학습모듈은 학습자의 실무수행능력과 현장 적응력을 강조하는 실습 중심의 교재이다. NCS 학습모듈 개발 매뉴얼에서는 학습내용 구성 시, 지식과

---

4) 김성남 외(2015). 국가직무능력표준(NCS) 학습모듈 활용 실태 분석. 한국직업능력개발원.

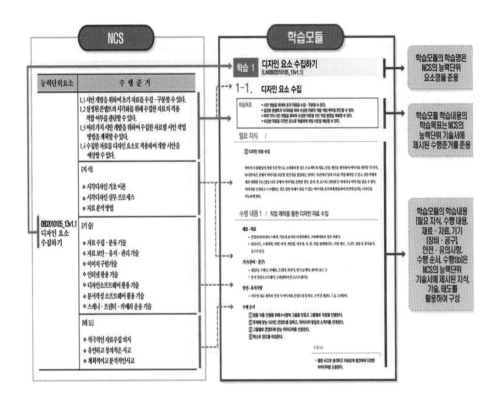

▲ 그림 5 NCS 능력단위와 NCS 학습모듈의 구성 관계

출처: 교육부 · 한국직업능력개발원(2016). NCS 학습모듈 개발 매뉴얼. p. 10.

이론에 해당하는 필요 지식보다 실습에 해당하는 수행내용을 더욱 자세히 기술하도록 요구하고 있다. 필요 지식의 경우 수행내용을 배우기 위해서 반드시 알아야 하는 지식과 이론을 간략하게 포함하도록 안내하고 있는 반면, 수행내용에서는 일선 현장에서 해당 업무를 수행하는 절차를 상세하게 제시하도록 하고 있다. 이를 위해 NCS 학습모듈의 개발에는 산업현장 전문가들이 전체 집필진 중 절반 이상의 비중을 차지하고 있다. 특성화고에서 기존에 활용되던 실무 교과서의 집필진들이 대부분 해당 전공의 일선 교사 또는 대학 교수들로 구성되어 있었다는 점을 고려하면, NCS 학습모듈이 갖는 차이점을 확인할 수 있다.

셋째, NCS 학습모듈은 학습자와 교사의 의도에 따라 다양하게 조합해서 활용할 수 있는 교재이다. 학교의 교육목표와 인력양성유형에 맞춰 학습모듈 수준에서 또는 그보다 작은 학습(능력단위－대단원에 해당) 수준에서 내용을 재조합하여 새로운 교육과정을 만들 수 있다. 예를 들어, '패션디자인' 세분류를 중심으로 디자인 소분류의 '시각디자인', 공연예술 소분류의 '무대의상', 공예 소분류의 '섬유공예', 홍보·광고 소분류의 'PR/광고' 및 일반·해외영업 소분류의 '일반영업' 등의 세분류에 속해 있는 NCS 학습모듈을 융합하여 개론, 응용과 심화 과목을 만들어낼 수 있다. 따라서 교육과정 개발과 운영을 위해 교사의 자율성, 창의성 및 교수설계능력이 강조된다.

넷째, NCS 학습모듈은 교육목표 실현을 위한 독립적인 학습교재이면서 동시에 다른 학습교재 개발을 위한 기초자료라고 할 수 있다. NCS 학습모듈은 NCS와의 정합성이 가장 중요한 요소로 강조되면서 국가 주도로 개발되고 있기 때문에 NCS 학습모듈에 포함된 지식과 수행의 내용이 해당 직무에 대한 하나의 표준으로 간주될 수 있다. 그러나 집필 분량이 제한되어 있는 한 권의 NCS 학습모듈에 모든 교사와 학습자들에게 필요한 지식과 수행내용을 포함하는 것은 불가능하다. 따라서 실제 수업에서는 학습자의 특성, 교사의 역량과 학교 또는 기관의 여건 등을 고려하여 지식, 정보, 사례 및 실습 등을 추가하여 활용하는 것이 요구된다. 곧 NCS 학습모듈은 NCS를 습득하기 위한 유일한 교재라기보다는 하나의 기초 자료로서 편집이 가능하고, 여러 가지 보충 자료들을 통합하여 학교 또는 기관에 적합한 학습 자료로 새롭게 개발될 수 있다는 관점으로도 접근이 가능하다.

다섯째, NCS 학습모듈은 활용 대상이 명확하게 정해져 있지 않다. NCS 학습모듈은 NCS의 능력단위와 능력단위요소에 부여된 1단계부터 8단계 사이의 수준에 맞추어 개발된다. 그렇지만 NCS 학습모듈의 수준에 관계없이 모든 학교급과 학교 유형 그리고 영리 또는 비영리 교육훈련기관에서 NCS 학습모듈을 활용할 수 있도록 하고 있다. 현재 교육부에서는 정책적으로 특성화고와 전문대학에 NCS 기반 교육과정으로의 개편을 유도하고 있으며, 고용노동부에서는 NCS 기반 교육훈련과정을 운영하는 폴리텍대학과 직업훈련기관에 NCS 학습모듈의 활용을 장려하고 있다. 최동선 외(2014)의 연구에서는 NCS 학습모듈의 수준이 해당 능력단위의 수준에 따라 결정되지만, NCS 학습모듈이 어느 학교급을 대상으로 하는가의 문제는 해당 능력단위가 어떠한 수준의 교육과정이나 자격구조에 포함되는가에 따라 결정된다고 해석할 수 있는 것으로 보았다.

여섯째, NCS 학습모듈은 NCS를 기반으로 한 교수·학습 자료로 학습자용과 교사용의 구분이 없이 통합되어 있다. NCS 학습모듈에는 학습자들이 배우고 교사들이 가르쳐야 할 지식과 수행내용뿐만 아니라, 학습자를 위한 학습 방법과 교사를 위한 교수 방법 그리고 평가 방법이 모두 포함되어 있다. 현재 NCS의 경우 일부 분야(초·중등교육, 법률, 의료, 자동차운전·운송, 청소 등)를 제외하면 일차적으로 개발이 완료된 상황이다. 아직까지 NCS 학습모듈을 활용하는 교사들을 위한 별도의 교사용 지도서나 기타 참고자료 등은 개발되어 있지 않은 상황이다.

일곱째, 기타 기존 교과서와의 차이점은 다음과 같다. NCS 학습모듈은 인쇄본 형태가 아닌 인터넷상에 PDF 파일 형태로 출간되고 있으며, NCS 통합사이트(www.ncs.go.kr)에서 누구나 무료로 다운받을 수 있도록 하고 있다. 또한 NCS 학습모듈은 개발 절차에 있어서 집필진의 집필 원고에 대해 일정한 자격을 갖춘 전문가들로 구성된 검토진들의 검토와 이를 토대로 한 수정 단계를 거치지만, 기존의 교과서와 달리 집필 결과에 대한 검정이나 인정 과정을 거치지 않고 있다. 이와 함께 NCS 학습모듈은 산업현장의 실무 습득과 현장 적응을 강조하기 때문에 산업현장의 변화를 빠르게 반영해야 할 필요가 있다. 이와 관련해 NCS 학습모듈의 보급, 수정·보완 및 질 관리 방안 등에 대한 논의가 진행될 필요가 있다.

라. 학습모듈의 구성

가. 학습은 해당 NCS 능력단위요소 명칭을 사용하여 제시한 것이다. 학습은 크게 학습내용, 교수·학습 방법, 평가로 구성되며 해당 NCS 능력단위의 능력단위요소별 지식, 기술, 태도 등을 토대로 학습내용을 제시한 것이다.

교수·학습 방법은 학습목표를 성취하기 위한 교사와 학습자 간, 학습자와 학습자 간의 상호작용이 활발하게 일어날 수 있도록 교사의 활동 및 교수 전략, 학습자의 활동을 제시한 것이다. 평가는 해당 학습모듈의 학습 정도를 확인할 수 있는 평가 준거, 평가 방법, 평가 결과의 피드백 방법을 제시한 것이다.

NCS 학습모듈은 학습, 학습내용, 참고자료, 활용서식 등으로 구성된다(교육부·한국직업능력개발원, 2016).

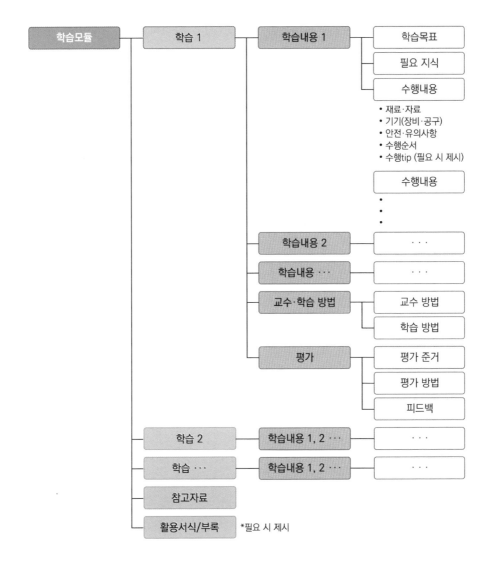

▲ 그림 6 NCS 학습모듈의 구성체계

출처: 교육부 · 한국직업능력개발원(2016). NCS 학습모듈 개발 매뉴얼.

　나. 학습내용은 학습목표, 필요 지식, 수행내용으로 구성된다. 학습모듈의 학습내용은 NCS에 제시된 표준화된 업무 절차를 토대로 구성하며, 실제 산업현장에서 이루어지는 업무활동을 다양한 방식으로 학습내용에 반영한 것이다.

학습목표는 학습자가 학습내용을 이수한 이후 습득하게 되는 능력을 구체화한 것으로, NCS 능력단위요소의 수행 준거를 준용한다. 필요 지식은 해당 NCS의 지식을 토대로 수행에 꼭 필요한 핵심 내용을 위주로 제시하며, 교사는 학습모듈의 필요 지식을 토대로 이후 수행순서 내용과 연계하여 교수·학습 내용을 재구성할 수 있다.

수행내용은 학습내용에서 가장 핵심적인 부분이며 학습목표(수행 준거)를 달성하기 위하여 학습자가 익혀야 할 실습 내용이다. 수행내용에는 현장에서 해당 업무를 수행할 때의 재료·자료, 기기(장비·공구), 안전·유의사항, 수행순서, 수행tip을 포함한다.

다. 참고자료는 학습모듈에 인용한 참고자료 및 웹사이트를 제시한다.

라. 활용서식은 교수·학습 시 활용 가능한 자료를 학습모듈 특성에 따라 다양하게 제시할 수 있다. 수업 진행에서 평가에 이르기까지 필요한 서식을 개발하거나 기존의 양식을 필요 시 제시할 수 있다.

마. 부록을 통해 학습내용과 관련된 다양한 참고자료들을 제시할 수 있다.

2. NCS 학습모듈의 활용

가. 직업교육·훈련기관의 교재 및 교수·학습 자료

NCS 학습모듈은 특성화고등학교의 실무과목, 전문대학에서 전공수업 시 활용 교재로, 교육·훈련기관에서 실무 중심의 NCS 학습모듈을 활용하여 현재 사용되고 있는 이론 중심 교재를 보완하는 참고 교재로 활용되고 있다. 또한 기업에서 채용 시 가이드라인으로 활용할 수 있다.

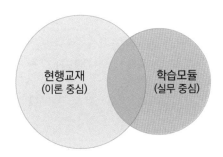

현행교재
(이론 중심)

학습모듈
(실무 중심)

▲ 그림 7 학습모듈의 활용, 이론 중심 현행교재 보완

출처: https://www.ncs.go.kr

나. 전공교과 개발

각각의 학습모듈이 하나의 과목으로 각각 편성되어 운영될 수 있으며 개별 능력단위는 약 20시간의 교육훈련이 이루어지도록 설계할 수 있다.

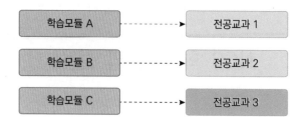

▲ 그림 8 전공교과 개발 시 활용(1)

출처: http://www.ncs.go.kr

여러 개의 학습모듈을 하나의 교과로 통합시킬 수 있으며, 반대로 하나의 학습모듈을 여러 과목으로 구분하여 활용할 수 있다.

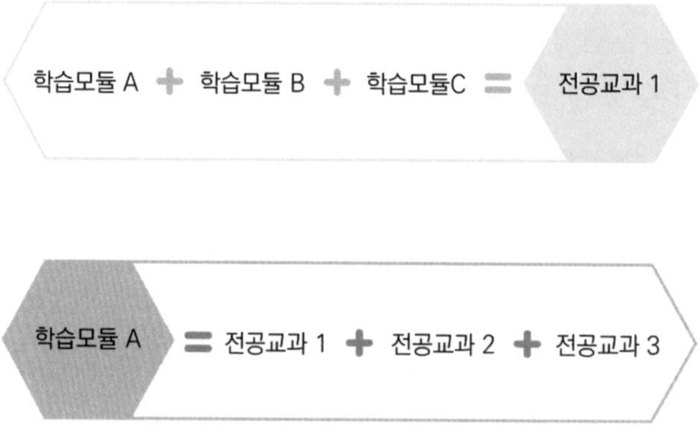

학습모듈 A ✚ 학습모듈 B ✚ 학습모듈C ＝ 전공교과 1

학습모듈 A ＝ 전공교과 1 ✚ 전공교과 2 ✚ 전공교과 3

▲ 그림 9 전공교과 개발 시 활용(2)

출처: http://www.ncs.go.kr

또한 상호 관련 있는 여러 개의 학습모듈의 일부를 통합하여 하나의 전공교과로 활용할 수 있다.

▲ 그림 10 전공교과 개발 시 활용(3)

출처: http://www.ncs.go.kr

다. 교육훈련과정 편성 시 활용

전공교과 편성에 활용된 NCS 학습모듈의 지식, 기술 등에 기초가 되는 교과를 도출·편성할 수 있다. 전공교과 편성에 활용된 NCS 학습모듈에서 강조하는 소양이나 기초직업능력의 보통교과에의 활용 방안 검토에 활용할 수 있다.

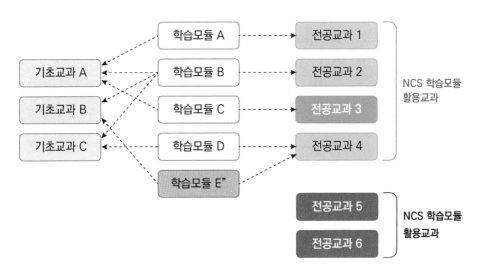

▲ 그림 11 교육·훈련과정 편성 시 활용

출처: http://www.ncs.go.kr

3.
강의법을 활용한 NCS 기반 교수 · 학습 전략

강의법은 일반적으로 실습보다는 이론에 적합한 교수 · 학습 방법이기 때문에 NCS 능력단위의 학습 요소인 지식 · 기술 · 태도 중에서 지식에 대한 교수 · 학습 방법으로 적용하는 것이 효과적이다.

그리고 강의법은 프로젝트법과 같은 실습형 수업의 선행 학습 차원에서 이루어지므로 실습형 수업의 다양한 문제해결 과정에서 학습자가 강의법을 통해 습득한 지식을 활용 및 응용할 수 있도록 지식에 대한 깊은 이해와 실습에서의 적용성을 높여야 한다. 이러한 맥락에서 강의법의 NCS 기반 교수 · 학습 전략을 지식에 대한 학습의 관점에서 단계별로 제시하면 다음과 같다.

▲ 그림 12 강의법 적용 단계

가. 도입

1) 도입 초점(동기 유발)

NCS 능력단위는 대체로 직무 수행의 절차적 관점에서 나열되어 있기 때문에 수업 시간에 다룰 능력단위의 전 · 후 단계에 배치되어 있는 능력단위의 내용을 활용하여 학습자의 동기를 유발할 수 있다. 그리고 강의법에서 다룰 능력단위의 지식은 기술에 대한 선행 학습 요소이므로 앞으로 실시할 실습에서의 문제 상황을 제시하여 학습자의 동기를 유발할 수 있다. 또한 실습 수업에서 학습자가 겪었던 문제 상황과 관련된 내용을 활용하여 학습자의 주의를 끌고 이 수업을 통해 문제를 해결할 수 있다는 기대를 갖도록 하는 것이 효과적이다.

2) 학습목표

NCS 능력단위의 수행 준거를 보다 구체적인 행동 동사로 재구조화하여 학습목표를 명확히 제시한다. 학습목표의 제시는 동기 유발과 연관되는 것이 자연스럽고 효과적이다. 동기 유발과 동시에 학습목표를 제시하는 방법은 다양하지만, 대표적으로 단어 퍼즐을 기반으로 하는 크로스워드를 활용하는 방법이 있다.

▎표 6 크로스워드

제목	크로스워드
사용시점	강사 소개 후, 교육내용을 전달할 때
소요시간	10분~15분
준비물	크로스워드 퍼즐 파워포인트 슬라이드
특징	• 단어 퍼즐을 기반으로 한 아이스브레이킹 교수법 • 교육생들이 함께 퀴즈를 풀어보는 활동을 통해서 교육생들의 참여를 유도한다.
진행순서	• 단어 퍼즐 슬라이드를 보여준다. • 교육생들에게 정답을 맞히도록 유도한다. • 정답을 맞히는 팀에게 시상한다. • 단어들의 의미를 설명하면서 자연스럽게 교육내용을 소개한다.

출처: 전창욱(2013). 참여형 수업을 이끄는 창의적 교수법 47가지. 서울: ㈜미래와경영. p. 43.

3) 개관

가) 수업 구조

수업 구조에서는 NCS 세분류의 전체적인 구조를 시각적인 요소로 제시하여 학습내용에 대한 조직화를 실시한다. 이를 위해 모형, 그래프, 분류표, 마인드맵 등의 다양한 형태로 시각화하여 제시하는 것이 효과적이다.

나) 선행 조직자

NCS 능력단위는 대체로 직부 수행의 절차에 맞게 나열되어 있으므로 이러한 관점에서 전시 학습내용을 중심으로 선행 조직자5)를 제시한다. 이때 중요한 것은 학습자가 전시 학습내용을 알고 있는지 파악하는 것이 중요하기 때문에 수업의 개관을 제시할 때 전시 학습내용의 학습 상태를 자연스럽게 파악하고 부족한 부분을 추가 보충하는 것이 필요하다.

나. 전개

1) 제시

학습내용을 설명하는 제시 단계에서는 수업 구조와 선행 조직자를 기반으로 하여 설명한다. 학습내용이 단독으로 학습되지 않고 전시 학습내용과 연관되어 해당 과목의 단원 전반의 학습내용을 유추할 수 있도록 설명한다. 특히 제시 단계에서 교사가 일방적으로 학습내용을 전달하면 학습자가 수업을 지루하게 느끼게 되므로 최대한 학습자의 반응을 이끌 수 있도록 한다. 이를 위해 다양한 문답법을 비롯한 학습 활동을 실행할 수 있다.

또한 학습자가 수업에 지속적으로 집중하기 위한 다양한 방법 게임(예: 위스퍼 게임), 퀴즈, 스트레칭, 동영상 시청 등을 적용할 수 있다. 이때 주의해야 할 점은 교육내용과 연관되는 내용으로 적용해야 학습자가 학습내용에 주의를 기울이고 수업의 흐름을 유지할 수 있다.

▌표 7 위스퍼 게임

제목	위스퍼 게임
사용시점	교육 중 활발한 활동이 필요한 시점, 핵심 내용을 각인시키고자 할 때
소요시간	20분

---

5) 선행 조직자는 선행 학습내용과 새로운 내용을 연결하는 것으로, 오늘 학습할 자료를 미리 보여주고 학습자가 이미 알고 있는 내용과 학습할 내용을 연결시키도록 진술하는 것이다.

제목	위스퍼 게임
준비물	암기할 문장이 인쇄된 교육자료
특징	• 교육의 핵심 내용이나 교육생들이 꼭 알아야 할 내용을 전달할 때 유용하다. • 교육생들이 전달된 문장을 수차례 반복하여 듣고 말하게 되므로 교육의 효과가 높다.
진행순서	• 조원들이 순서를 정한다. • 1번은 강사에게 나와서 준비된 문장을 본다. • 조에 돌아가서 다음 조원에게 순서대로 문장을 귓속말로 전달한다. • 마지막 조원은 암기한 내용을 종이에 적는다.

출처: 전창욱(2013). 참여형 수업을 이끄는 창의적 교수법 47가지. 서울: ㈜미래와경영. p. 155.

2) 이해 점검

제시 단계에서는 수업 구조 및 선행 조직자를 지속적으로 검토하는 관점에서 학습내용을 설명하면서 학습자가 학습내용을 이해하고 있는지 지속적으로 점검해야 한다. 이를 위해 다양한 문답법을 활용하여 전개와 점검을 번갈아 가면서 실시함으로써 학습자의 학습 상태를 수시로 검토하고 피드백한다. 그리고 학습자가 최대한 수업에 적극적으로 참여할 수 있는 방안들을 적용한다. 예를 들면 발표를 시킨다거나 모든 학습자의 이해 점검을 위하여 모든 학습자가 정답을 적어서 내는 방식(예 골든벨 방식)을 적용할 수 있다.

질문은 학습목표에 입각하여 명확하고 간결하여 학습자가 정확하게 이해할 수 있어야 한다. 그리고 학습자의 개인차를 고려하여 다양한 수준의 질문을 수준별로 제시해야 하는데 쉬운 질문부터 시작하여 어려운 질문으로 확장하는 것이 바람직하다. 특히 첫 질문에서 학습자가 제대로 답을 하지 못하더라도 추가 질문을 하여 학습자가 답을 유추하고 개념을 정리할 수 있도록 한다. 이를 통해 학습자가 최종적으로 완성된 문장으로 답을 할 수 있도록 유도한다.

강의법은 지식 위주의 학습내용을 다루기 때문에 학습자의 활동이 부족하여 학습에 대한 흥미를 떨어뜨릴 수 있다. 학습자의 흥미를 유지하면서 이해 점검을 효과적으로 하기 위해서는 경쟁을 시키는 방법이 효과적이다.

적절한 경쟁은 학습자의 참여에 효과적이므로 모둠별 경쟁을 활용하는 것을 고려할 수 있다. 모둠별 경쟁을 위해서는 우선 조원들이 서로 토론하고 의견을 나눌 수 있도록 좌석을 분임토의 형식으로 배치한다. 다음으로 모둠별 발표나 퀴즈 등을 통해서 모둠별 경쟁을 유도하고 점수를 부여할 때마다 '점수카드' 등을 주고 보상한다.

그리고 여러 학습자들의 의견을 들을 수 있는 테니스공 토크는 중요한 질문에 대해 어느 정도 학습자들이 답을 알고 있는지 파악할 수 있다. 또한 인터뷰 토크를 활용하여 학습내용의 이해도가 높은 학습자의 답을 우선적으로 들을 수 있다.

▌표 8 테니스공 토크

제목	테니스공 토크
사용시점	교육생의 의견을 들어야 할 때
소요시간	15분
준비물	테니스공
특징	• 교육 중 토론이 필요하거나 의견을 제시할 때 사용하는 방법이다. • 교육생들이 의견을 말하기를 꺼려할 때 유용하다. • 교육을 시작할 때는 교육생들 사이가 서먹해서 나서기를 꺼려하는데 이런 경우에 자연스럽게 의견을 말할 기회를 주는 방법이다. • 중요하지만 어려운 학습내용의 경우에는 정답이 나올 때까지 테니스공을 이용하여 연속 질문함으로써 전체 학습자들이 학습내용의 중요성을 인지하도록 한다.
진행순서	• 모둠별로 테니스공을 한 개씩 나누어 준다. • 강사가 말한 주제로 토론한다. • 토론하는 방식은 공을 굴려서 공이 자기 앞으로 오면 의견을 말한다. • 강사는 의견을 말하는 시간을 정해서 여러 사람이 골고루 의견을 말할 기회를 준다.

출처: 전창욱(2013). 참여형 수업을 이끄는 창의적 교수법 47가지. 서울: ㈜미래와경영. p. 191.

┃ 표 9 인터뷰 토론

제목	인터뷰 토론
사용시점	교육 중 의견을 발표할 때
소요시간	15분
준비물	없음
특징	• 교육생들이 발표하기를 꺼려할 때 유용하다. • 발표자는 교육생을 인터뷰하여 교육생의 의견을 대신 발표하므로 부담 없이 발표를 진행할 수 있다.
진행순서	• 가위바위보를 해서 진 사람을 발표자로 선정한다. • 선정된 발표자는 강사가 제시한 주제로 조원들과 인터뷰한다. • 발표자는 교육생과 인터뷰한 내용을 발표한다.

출처: 전창욱(2013). 참여형 수업을 이끄는 창의적 교수법 47가지. 서울: ㈜미래와경영. p. 211.

다. 통합

통합 단계에서는 제시 단계의 문답법보다 통합적인 내용을 함축하고 있는 질문을 제시한다. 가급적이면 실습형 수업에서 적용할 수 있는 질문을 제시하여 학습내용인 지식과 기술의 연관성을 유지할 수 있도록 한다. 그리고 단순 암기의 문답보다는 문제해결 관점에서 학습자의 창의적인 사고가 요구되는 질문을 제시한다.

통합 단계에서는 제시 단계의 다양한 학습내용의 중요한 키워드들을 활용하여 학습내용을 정리할 수 있다. 대표적인 예로 템플릿 토론이 있다.

┃ 표 10 템플릿 토론

제목	템플릿 토론
사용시점	교육 시작 시, 교육 중 토론과 발표가 필요할 때
소요시간	15분
준비물	파워포인트 슬라이드

제목	템플릿 토론
특징	• 교육생들이 발표를 어려워 할 때 사용하는 방법이다. • 강사는 교육내용과 관련해서 교육생들이 발표할 내용을 정리한 문장을 미리 준비한다(학습내용의 키워드를 중심으로 문장을 미리 준비한다). • 문장에서 핵심 내용은 교육생의 생각을 들을 수 있도록 비워 둔다. • 발표자는 미리 준비해 둔 문장에서 빈칸을 채우면서 발표하고 자기 생각을 말한다.
진행순서	• 발표할 내용이 적혀있는 슬라이드를 보여준다. • 모둠별로 발표자를 선정한다. • 교육생들은 정해진 시간 동안 토론한 후 발표한다. • 가장 발표를 잘한 조에게 시상한다. • 강사는 교육생이 발표한 내용에 대해 피드백한다.

출처: 전창욱(2013). 참여형 수업을 이끄는 창의적 교수법 47가지. 서울: ㈜미래와경영. p. 63.

라. 평가 및 정리

제시 및 통합 단계에서 다양한 형태의 문답이 이루어졌으므로 평가는 학습목표에 기반하여 명확하고 간결한 질문으로 실시할 수 있다. 주요 학습내용에 대한 질문을 하면서 학습자들의 학습 진행 상황을 점검할 수 있고 토론을 이끌 수도 있다. 특히 반드시 알아야 할 기본적인 학습내용을 습득했는지 점검 차원에서 실시하고 다양한 방식의 수행평가 형태로 실시할 수 있다.

학습목표의 점검이 이루어진 이후에 학습의 완성 차원에서 수업 구조 및 선행 조직자와 연결하여 학습내용을 최종 정리한다. 이때 차시 내용까지 구조화하여 함께 제시함으로써 자연스럽게 차시 예고로 이루어질 수 있도록 한다.

학습내용의 구조화를 통하여 최종 정리를 할 때에는 개관 단계에서 제시한 마인드맵과 같이 시각화 자료로 정리하는 것이 효과적이다. 또한 콜라주 포스터와 같이 주요 학습내용의 키워드를 활용하는 방법이 있다.

| 표 11 콜라주 포스터

제목	콜라주 포스터
사용시점	교육을 마무리 할 때
소요시간	60분
준비물	모조 전지, 가위, 풀, 잡지와 신문, 매직
특징	• 교육을 마무리하는 시점에 교육받은 내용을 교육생들이 스스로 정리해 보는 방법이다. • 콜라주 기법을 활용하여 교육생들이 적극적으로 참여하게 한다. • 콜라주 기법은 전지를 배경으로 사진이나 글씨를 오려 붙여서 주제를 표현하는 미술표현 기법이다. • 여러 종류의 잡지들을 준비한 다음 교육생들에게 주제를 알려주고 콜라주로 표현하도록 한다. • 교육생들은 모둠별로 콜라주 작품을 만들고 그 내용에 대해서 발표한다.
진행순서	• 콜라주 재료(전지, 잡지, 가위, 풀, 매직 등)를 나누어 준다. • 주제를 정하고 주제에 맞는 콜라주 작품을 만든다. • 완성된 콜라주 작품의 내용을 모둠별로 발표한다. • 강사는 모둠별로 만든 콜라주 작품에 대한 피드백을 하면서 교육내용을 전체적으로 되짚어 보는 시간을 갖는다.

출처: 전창욱(2013). 참여형 수업을 이끄는 창의적 교수법 47가지. 서울: ㈜미래와경영. p. 89.

📖 **읽어보기** 수석교사 이○○ 선생님이 들려주는 이야기

- 잠자는 학생, 소외 학생은 이렇게 하면 좋아요![6] -

○ 올바른 교사의 태도: 수업 2분 전 교무실에서 떠나 정시에 들어가기

○ 올바른 학생의 태도: 수업 준비를 하고 교재를 읽고 있는 학생 수행평가 +점 주기

○ 태도 나쁜 학생에게 −점수 주지 말고 태도가 바른 학생에게 +점 주기

○ 문학 맵 형성평가 시에 A……, A, A+로 A 이하는 주지 않고 A+ 점수를 받은 학생에게 가산점을 준다.

○ 모두 쉽게 해올 수 있는 과제도 부과한다.

○ 수업 중 쉬운 질문도 하여 모두에게 고루 기회를 준다.

---

6) 경기도교육청(2011). 수석교사와 함께하는 배움 중심 교수−학습 자료. p. 5.

4. 강의법의 NCS 교수 · 학습의 실제

강의법은 주로 지식 위주의 학습내용을 언어로 설명하거나 효과적으로 전달할 수 있기 때문에 NCS 실무과목에서도 이론 위주의 수업에 적합하다. 구체적으로 전공 이론, 실습 기자재에 대한 설명, 실습 과정, 실습 시 유의사항 및 안전사항 등 학생들에게 언어로 전달할 수 있거나 시청각 자료로 전달할 수 있는 학습내용에 적합하다.

전체적인 교수 · 학습 과정에서 학습내용을 전달할 때에는 강의법을 주로 적용하지만, 학습내용들을 서로 통합하거나 다른 학습내용으로 전이 및 심화시키기 위해서는 문답법이나 토의 · 토론을 함께 적용할 수 있다. 즉 강의법은 학습내용의 빠른 전달에는 효과적이지만, 자칫 학습자들이 학습에 수동적일 수 있으므로 다른 교수 · 학습 방법을 함께 적용하는 것이 바람직하다.

NCS 실무과목의 교수 · 학습에 강의법을 적용한 수업설계서의 예시는 다음과 같다.

▌표 12 수업설계서(교수 · 학습 과정안)

수업설계서(교수 · 학습 과정안)						
실무과목: 선반가공						
대분류	중분류	소분류	세분류	내용영역	내용영역요소	이수시간/능력단위이수시간
기계	기계가공	절삭가공	선반가공	작업계획 수립	작업사항에 따른 장비 · 공구 선정	3/34
학습모듈의 목표		작업의 결과를 결정하고 필요한 공구 및 장비를 개략적으로 선정할 수 있다.				

직업기초능력	의사소통능력, 대인관계능력, 자원관리능력, 조직이해능력, 정보능력, 직업윤리
핵심 용어	선반의 종류, 선반의 절삭 공구
교수·학습 방법	강의법
준비물	재료·자료	학습모듈, 연관 교과서
	기기	컴퓨터, 프로젝터, 절삭 공구

학습	
학습명	선반의 종류 이해하기
학습목표	작업 목적 및 상황에 적합한 선반을 제시할 수 있다.

단계	학습내용	교수 활동	학습 활동
도입 (10분)	상호 인사 전시 학습 동기 유발	• 인사하고 출석을 확인한다. • 전시 학습내용을 간략히 확인한다. • 물레를 돌리면서 점토 반죽을 다양한 모양으로 만드는 도자기 제작 동영상을 보여주면서 선반가공 원리를 유추하도록 한다. Q) 도자기를 만들 때 점토 반죽을 회전시키는 이유는 무엇일까요? 　A) 도자기의 좌우 모양이 대칭이기 때문에 Q) 도자기 모양을 결정하는 것은 무엇일까요? 　A) 손의 모양 • 다양한 축(shaft)을 보여주고 어떤 방법으로 가공하면 좋을지에 대해 문제를 제기한다. Q) 짧은 길이의 축은 어떻게 가공할까? 　A) 회전축을 세로로 놓는다. Q) 회전체(공작물)의 길이가 길면 가공하기 쉬울까? 　A) 공작물에 떨림이 발생할 수 있어서 어렵다.	• 인사하고 출석에 답한다. • 전시 학습내용을 확인한다. • 교사의 문제제기에 대해 생각하고 자유롭게 발표한다. • 필요에 따라 급우들과 토론을 하거나 관련 자료를 교재 및 인터넷에서 찾아본다.

		Q) 그렇다면 어떻게 가공해야 할까? 　A) 공작물을 양쪽에서 잡아주고 회전시켜야 한다. • 축 가공에 필요한 원리를 문제제기 하면서 선반의 구조와 가공방법에 대해 유추할 수 있도록 한다.	
	학습목표 제시	• 동기 유발 단계에서 제시된 학습 키워드를 활용한 단어 퍼즐로 학습목표를 제시한다. 　- 키워드: 회전, 축, 공구 등	• 개인 혹은 모둠별로 단어 퍼즐을 맞추면서 학습목표를 확인한다.
	개관	• 전체 수업 내용을 시각화하여 제시하고 오늘 학습내용과 전시 학습내용의 연관성을 제시한다.	• 전체 수업 내용을 확인하고 오늘 학습내용과 전시 학습내용의 연관성을 확인한다.
전개 (15분)	제시 - 선반의 종류	• 보통선반의 구조와 가공 원리를 설명한다. • 다양한 제품의 모양과 가공 상황에 모두 보통선반으로 가공할 수 있는지에 대한 문제를 제기한다. Q) 보통선반의 가공물과 달리 공작물의 길이가 매우 길어서 공작물의 떨림이 발생하는 경우에는 어떤 선반을 사용하는 것이 좋을까? 　A) 공작물을 수직으로 세워서 회전시키는 수직 선반이 효과적이다.	• 설명을 듣고 필요에 따라 자유롭게 질문한다. • 교사의 문제제기에 대해 생각하고 자유롭게 발표한다.
	이해 점검	• 학습내용을 제시하는 과정 중간중간에 다양한 질문으로 학습자의 이해를 점검한다. Q) 모방 선반은 어떤 경우에 사용하면 좋을까요? • 테니스공 토크를 통해 가볍게 이해 점검을 실시한다. • 핵심 내용이나 반드시 암기해야 하는 내용은 위스퍼 게임을 활용한다.	• 교사의 문제제기에 대해 생각하고 자유롭게 발표한다. • 다양한 이해 점검 활동에 참여하고 자유롭게 발표한다. • 필요에 따라 급우들과 토론을 한다.
통합 (15분)		• 학습내용의 주요 키워드를 중심으로 학습내용을 통합할 수 있는 문제를 제기한다.	• 교사의 문제제기에 대해 생각하고 자유롭게 발표한다.

| | | • 실습 수업의 상황에서 적용할 수 있는 문제를 제기한다.
Q) (선반 가공의 핵심 변수를 제시하고 제품의 다양한 모습을 제시하면서) 가공물의 길이, 크기, 반복 가공, 테이퍼 및 곡선 형상 등에 따라 적합한 선반은 무엇인가?
Q) 공작물의 중심을 맞출 때 가장 중요하게 다루어야 할 선반 부품은 무엇인가?
A) 척
• 학습내용을 정리하는 과정에서 템플릿 토론을 활용한다. | • 템플릿 토론에 참여하고 자유롭게 발표한다. |
| 평가 및 정리 (10분) | 형성평가

정리

차시예고 | • 준비한 형성평가지를 활용하여 학습목표 도달 여부를 평가한다.
 – 형성평가 방법: 시험(퀴즈), 체크리스트, 보고서 작성 및 발표
• 학습목표에 도달하지 못한 학습자를 파악하고 중요 내용을 다시 설명한다.
• 모둠별로 학습내용을 정리하도록 한다. 이때 콜라주 포스터를 활용한다.
• 차시예고를 하면서 수업 구조를 제시하여 전시-본시-차시 학습내용의 연관성을 전체적으로 제시한다. | • 형성평가지를 풀면서 학습목표 도달 여부를 파악한다.
• 교사의 설명을 듣고 학습내용을 다시 확인한다.
• 콜라주 포스터 활동에 참여하면서 학습내용을 정리한다.
• 차시 학습내용을 확인하고 수업 구조를 파악한다. |

📖 **읽어보기** **수업이란 무엇인가?**

- 강의, 강연과 수업과의 차이[7] -

수업은 학습을 이끌어낼 목적으로 교육과정을 통해 제시된 내용을 가르치고 지식이나 기술을 획득하거나 배우도록 하게 하는 의도적이고 계획적인 활동으로 교사의 가르침과 학생의 학습이 조화를 이루고 이를 위해 교사와 학생이 어떻게 소통하느냐가 수업에서 매우

---

7) 경기도교육청(2011). 수석교사와 함께하는 배움 중심 교수-학습 자료. p. 42-71.

중요한 과제이다. 즉 가르치는 자로서의 교사, 학습하는 자로서의 학생, 그리고 학습내용으로서의 교재가 수업의 3요소이고, 수업은 수업의 3가지 요소의 유기적인 조합과 활동을 통해 이루어져야 하며 다음과 같이 수업을 정의할 수 있다.

1. 교사와 학생 간의 이루어지는 상호작용이다.
2. 밑그림을 가지고 하나의 예술작품을 만들어가는 과정이다.
3. 학생을 움직여서 스스로 지식을 터득하도록 안내해주는 작업이다.

좋은 수업을 보는 관점은 시대에 따라 변화하여 다르게 해석될 수 있지만, 좋은 수업의 요소로는 교사가 설명을 잘 해주는 것, 학생들과 공감대를 형성하는 것, 역동적 활동과 발문, 교과목에 대해 열정을 가지고 있을 것, 유용한 피드백을 주는 것 등으로 정리할 수 있다.

이러한 맥락에서 수업, 강의, 강연의 차이를 다음과 같이 제시할 수 있다.

① 강의란 학문적인 내용을 청중들 앞에서 이야기 하는 것으로 대학 등에서 교수가 학문연구의 내용, 즉 개념과 원리에 대한 지식적인 것을 이해시키고 훈련하도록 하는데 이것은 지식(인지적 요소)의 전달이라 할 수 있다. 주입식교육의 교수·학습 형태가 이에 속한다. 인터넷 및 EBS 강의를 보면 알 수 있다.
② 강연은 학문 또는 비학문적인 주제를 가지고 청중들에게 지식의 전달뿐 아니라 마음에 감동(정의적 요소)까지 전하는 것이라 하겠다. 이때는 교사의 열정과 삶이 학습자들의 마음을 어루만져주고 진심이 전달되어야 가능하다.
③ 수업은 강의와 강연의 요소를 학습자와 상호작용하는 과정을 통해 자기주도 학습을 이끌어내도록 하는 것이다. 즉, 인지적 요소와 정의적 요소를 균형 있게 어우르면서 교사와 학습자의 유기적인 활동이 이루어지는 것을 말한다.

II

NCS 기반 시범 학습의
방법과 실제

1. 시범 학습의 개요
2. 시범 학습의 교수·학습 모형
3. 시범 학습을 활용한 NCS 기반 교수·학습 전략
4. 시범 학습의 NCS 교수·학습의 실제

1.

시범 학습의 개요

가. 시범 학습의 개념

시범 학습은 단순히 문자나 교재를 통해 개인별로 학습하는 것이 아니라 직접 사물을 관찰하거나 실험, 검증, 정리하기 등 학습자 경험 원리에 기초를 두고 있다. 시범이란 어떤 기능이나 작업 과정을 학습시키기 위해서 필요로 하는 분명한 동작을 교사가 직접 보여주거나, 각종 시청각 매체를 통해서 학생들에게 보여주는 방법이다[1](이무근·김재식·김판욱, 2020, p. 281).

시범(demonstration)은 어떤 생각이나 아이디어를 시연해 보이면서 그 내용을 습득하거나 혹은 강조하는 기법으로 학습자들에게 말과 행위를 함께 보여 주는 활동이다. 시범은 직접 보여 주는 활동이 주 요소이기 때문에 실제로 연기하면서 가르친다는 뜻에서 시연학습방법이라고도 한다[2](기영하, 2004, p. 85).

구체적으로 새로운 기능이나 기술, 작업 과정, 장비 사용 및 조작법 등에 해당하는 분명한 동작을 교사가 직접 시범을 보이거나, 다양한 시청각 매체를 활용하여 학생들에게 보여준 다음, 학생들은 교사의 시범 내용을 토대로 이를 습득하기 위한 실습이나 연습 등의 직접적인 학습경험을 수행하는 교수·학습 방법이다.

시범은 수업 내용의 모범을 보여주거나 운동기능적인 수업에 있어서 교사가 모델이 되어 학습자에게 본보기가 되어주는 방법으로 학습자들에게 실제 경험적 수단을 제공하여 준다. 가장 기본이 되는 방법이니 만큼 확실하게 숙달하여

---

1) 이무근·김재식·김판욱(2020). 실기교육방법론(제5판). 파주: 교육과학사.

2) 기영하(2004). 평생교육방법론. 서울: 학지사.

제시하여야 최상의 효과를 발휘할 수 있다[3](김정식, 2011, p. 188).

시범 학습에서 교사는 학습목표 달성을 위해 시범과 관련된 학습내용에 대한 이론 수업을 진행한 후, 새로운 기능이나 기술, 절차 등의 바람직한 행동을 학생 대상으로 시범을 보여준다. 학생은 교사의 시범에 대한 관찰과 모방을 통해 혼자서는 익히기 어려운 기능이나 기술 등을 학습하는 과정을 거친다.

따라서, 시범 학습은 새로운 기능이나 기술 학습에 있어서, 교사는 시범을 통해 바람직한 행동을 보여주고, 학생은 관찰과 모방을 통해 기술이나 기능을 습득하는 교수·학습 방법이다. 교사의 시범 과정에서는 기능이나 기술을 어떻게 동작하는지 보여주는 바람직한 행동뿐만 아니라 설명도 함께 요구된다. 시범 과정을 통하여 학생들은 학습하고자 하는 구체적 기능이나 기술, 절차 등을 실제로 볼 수 있고, 수행에 필요한 내용을 확인할 수 있다.

시범 학습을 통해 교사의 시범을 보고, 듣고, 경험하는 등의 일반적인 감각을 활용하여 학습할 수 있도록 하며, 학생은 이러한 시범 과정을 통하여 흥미와 동기를 가지고 학습에 참여할 수 있다.

나. 시범 학습의 수업 적용 상황

수업은 교육내용, 교육여건, 학습자 수준 등을 고려하여 다양한 교수·학습 방법을 활용한다. 따라서, 수업의 어떤 상황일 때, 시범 학습을 적용하기에 적절한지 살펴볼 필요가 있다.

시범은 대화를 통한 학습 형태로 진행되기 때문에 학습의 종류와는 관계없이 토의법, 강의법, 관찰법, 세미나 등과 같은 학습 형태에서도 보조적인 방법으로 잘 어울려 사용될 수 있다. 시범은 새로운 과정이나 제품을 소개하고 사용하는 방법을 사람들에게 가르칠 때나 학습자에게 어떤 한 과정을 쉽게 할 수 있다는 자신감을 심어 주고자 할 때, 학습자 학습 과정에 관심을 불러일으키고자 할 때 그리고 학습자의 실제 동작이 필요한 학습일 때 효과적으로 사용될 수 있다[4](기영하, 2004, p. 86).

---

3) 김정식(2011). 예비교사를 위한 공업교육학. 서울: 공학교육사.

4) 기영하(2004). 평생교육방법론. 서울: 학지사.

시범 학습을 수업에 적용할 상황의 예를 들면 다음과 같다.

① 모든 학생이 관찰해야 할 때
② 시설과 장비, 도구가 한정되어 있을 때
③ 실습 안전사고나 위험이 우려될 때
④ 실습 준비에 많은 시간과 노력이 필요할 때
⑤ 수업에 적극적으로 참여할 필요가 있을 때

시범 학습의 시범 주체는 교사뿐만 아니라 학생도 가능하다. 즉, 시범 학습에서 상황에 따라서 시범 주체가 교사이거나 학생일 수가 있다. 구체적인 시범 주체의 상황별 예를 들면 다음과 같다.

▎표 1 시범 학습에서의 시범 주체 상황

교사 시범 상황	학생 시범 상황
• 실습 내용이 위험할 때 • 기술을 습득하는 과정을 보여주려 할 때 • 최신의 기술을 학습자들에게 집중 및 습득시키고자 할 때 • 학습자들의 흥미를 끌고, 발문을 하고자 할 때 • 학습 우수자를 독려하고 미진아를 격려하고자 할 때	• 학습자들이 실습을 설계하거나 준비하였을 때 • 학습자가 시범을 보여야 다른 학습자가 이해하기 쉬울 때 • 학습자가 실습한 것을 말로 설명하기 어려울 때 • 문제해결능력, 의사소통능력 등을 요구할 때 • 우수한 기술·기능을 습득한 학습자를 활용하고자 할 때

다. 시범 학습의 형태

시범 학습의 형태는 교사 시범, 교사와 학습자 간 시범, 학습자와 모둠 간 시범, 개별 학습자 시범, 산학협력교사 시범 등으로 구분할 수 있다.

특히, 교사는 시범 학습을 사용할 때 시범자의 역할까지 수행하고 있어, 교사는 시범 보일 활동과 자료 및 역할을 분명하게 설명하고 학습자들의 질의응답을 통하여 학습의욕을 자극하여야 한다. 또한 학습자들과 아이디어, 원리, 사실, 과정, 이론 등에 대해서 함께 논의할 수 있어야 하고 시범 중에 학습자의 반응과 문제점 및 고찰할 점 등을 관찰하면서 학습자의 능력을 평가할 수 있어야 한다[5](기영하, 2004, p. 89). 시범 학습의 형태별 구체적인 내용은 다음과 같다.

▌표 2 시범 학습의 형태

시범 학습의 형태	내 용
교사 시범	교사가 준비하고 직접 시범을 보여줌으로써 조직적이고 체계적으로 실시할 수 있다.
교사와 학습자 간 시범	학습자가 교사를 도와주는 형태로 학습자는 교사의 시범보다는 다른 학습자들에게 관심을 기울이는 경향이 있다.
학습자와 모둠 간 시범	모둠을 구성하여 시범에 따라 모둠별로 실습을 실시하는 형태로 학습자를 적극 참여시킬 수 있다.
개별 학습자 시범	선행 학습 학습자나 우수 기술·기능 학습자가 시범을 보이는 형태로 다른 학습자가 시범을 보고 실습하는 데 효과적이다.
산학협력교사 시범	관련 산업 분야의 산학협력교사를 초빙하여 시범을 보이는 형태로 산업체의 요구하는 기술·기능을 습득하는 데 효과적이다.

라. 시범 학습의 장·단점

시범 학습은 말과 함께 행동으로 표현하는 시청각적 요소와 인지적, 조작적, 정의적 요소가 시범 주체를 통해 수업에 복합적으로 작용한다.

이러한 시범 학습의 장점과 단점은 다음과 같다.

1) 시범 학습의 장점[6]

① 말이나 글로 묘사하는 것보다 학습 과정을 더욱 분명하게 할 수 있다.

② 각 단계별 학습의 요점이 쉽게 관찰되고 이해가 가능하다.

③ 학습자가 시범자의 지도 하에 직접 실행해 봄으로써 즉시 그 효율성을 시험해 볼 기회를 갖고, 실수는 바로 고쳐질 수 있다.

---

5) 기영하(2004). 평생교육방법론. 서울: 학지사.

6) 기영하(2004). 평생교육방법론. 서울: 학지사. p. 88.

④ 학습자의 다양한 감각을 통해 학습하므로 폭넓은 경험이 가능하다.

⑤ 개념을 형성하게 하고 일반화를 가능하게 하며, 사고를 자극할 수 있다.

⑥ 기술 학습을 전개하는 데 특히 효과적이다.

⑦ 여러 가지 교수·학습 방법을 복합적으로 사용할 수 있다.

⑧ 학습자들에게 새로운 장비나 장치를 사용하게 되면 학습자들이 고도의 흥미를 가지게 된다.

2) 시범 학습의 단점[7]

① 시범은 그 활동을 벌이기 위한 장비와 시설에 대한 제한을 받는다. 강의실 내에서 활용하기 어려운 경우, 자리를 이동해야 하거나 시도조차 못하게 된다. 또한 시범이 끝난 뒤에도 모든 학습자가 실제로 해 볼 수 있는 장소와 시설을 마련하기 어려운 경우 시범 방법은 사용하기 어렵다.

② 시범은 추상적인 것을 가르치기 어려우며 실제 행동으로 보여 줄 수 있는 것을 가르칠 수밖에 없다. 학습자들에게 그들 스스로 어떤 것을 발견하고 문제를 해결하게 하는 기회가 적게 제공된다.

③ 교사가 시범을 보일 수 있는 전문가가 아닐 경우 자신 있게 시범을 보여 주고 설명할 수 있는 시범자를 구해야 하는 어려움이 있다. 또한 교사가 시범을 보일 때 정확해야 한다. 서투른 시범은 관중으로부터 혼동과 불만족을 초래하므로 교육적인 효과가 미비하다.

④ 시범이 실행되는 동안 학습자의 이해를 충분히 평가하기 어렵다.

노련하지 못한 교사는 시범 학습에서 경험 부족, 계획 부족으로 효과적인 수업으로 이끌기 어렵고 시범만으로 기능 습득을 하는 경우 문제해결력, 창의력, 사고력 증진에는 문제가 있음이 단점으로 지적되고 있다. 그러나 학생은 무엇을 어떻게 배우든지 그 결과가 즉시로 나타나므로 시범 학습은 학생들이 좋아하는 방법이다[8](김광자, 1996, pp. 106 – 107).

---

7) 기영하(2004). 평생교육방법론. 서울: 학지사. p. 88 – 89.

8) 김광자(1996). 실기교사를 위한 교수·학습 방법론. 서울: 학문사.

마. 시범 학습의 유의사항

시범 학습은 학습자들이 무엇을 어떻게 배우든지 그 결과가 즉시 나타나고, 수업 중간에 설명과 질문이 동시에 이루어지므로 문제해결력과 창의력도 향상시킬 수 있다. 하지만 교사의 일방적인 시범으로만 수업이 진행된다면 단순히 따라하기 수준에 그칠 수밖에 없으며, 교육 효과도 떨어진다. 따라서 시범 학습을 수업에 효과적으로 적용하기 위해서는 사전에 철저한 준비와 교사의 숙련된 지도 기술이 요구된다.

시범 학습을 보다 효과적으로 수업에 적용하기 위해서는 다음과 같은 사항에 유의해야 한다9)(이무근·김재식·김판욱, 2020, pp. 120-121).

① 시범 계획을 세워 목표를 분명하게 인식하고 무엇을 보여줄 것인가를 명확하게 하며, 시범의 시작과 끝을 염두에 두어야 한다.
② 시범 도중에 준비 부족으로 시범이 중단되는 일이 없도록 기계, 공구, 실습 재료, 도면, 차트, 실습지시서 등 모든 필요한 물건을 준비하여 놓는다.
③ 학습자들이 편안한 자세로 시범을 볼 수 있도록 조명, 난방, 환기 등 실내 환경을 쾌적하게 한다.
④ 학습자들이 시범의 모든 동작과 방향 또는 설명을 분명하게 보고 들을 수 있도록 기계 등의 위치를 고려한다.
⑤ 시범을 보이는 동안에 다른 실습장에서 시끄럽게 하거나 같은 실습장에서 다른 학생이 실습을 하여 시범을 방해하는 일이 없어야 한다.
⑥ 시범을 보이기 전에 학습자들이 현재 알고 있는 것과 관련하여 무엇을 시범할 것인가를 분명하게 한다.
⑦ 방향이 중요한 시범에서는 학습자들이 교사와 같은 방향에서 볼 수 있도록 한다.
⑧ 학습자들이 중요한 장면을 놓치지 않도록 천천히 시범을 보인다.
⑨ 중간중간에 멈추어 학습자들이 따라오고 있는지를 확인한다.
⑩ 일단 시범이 끝나면 요점 정리를 해 주고 학습자들에게 질문해서 이해하였는지를 확인한다.

---

9) 이무근·김재식·김판욱(2020). 실기교육방법론(제5판). 파주: 교육과학사.

2. 시범 학습의 교수 · 학습 모형

가. 시범 학습에 적합한 교과 선정

시범 학습은 새로운 기능·기술의 습득을 요구하거나, 기본적인 절차와 바람직한 행동을 강조하는 경우, 교육내용을 일목요연하게 보여주는 수업에 주로 적용된다.

따라서, 주로 글자나 언어를 중심으로 강의식으로 설명하는 학습보다는 기능·기술 중심의 실습 수행 수업에 적절하다. 아울러, 산업현장 최신의 기능·기술 습득이나 위험한 교육내용 선정 시 바람직한 시범을 통해 수업의 교육적 효과를 높일 수 있다.

나. 시범 학습의 적용 단계

시범 학습을 적용하는 단계는 4단계 실기지도 모형 단계로 적용하며, 직업교육에 많이 적용되고 있는 모형이다. 대표적으로 노태천 외(2015, pp. 230 − 231)[10] 가 제시하는 4단계 실기지도 모형으로 준비 단계, 제시 단계, 응용 단계, 평가 단계 등이 있다.

4단계 실기지도 모형을 통한 시범 학습의 적용 단계는 다음과 같다.

---

10) 노태천 · 이용순 · 류병로 · 김태훈(2015). 공업교육학신론(개정판). 서울: 문음사.

1단계	2단계	3단계	4단계
준비 단계	제시(시범) 단계	응용(실습) 단계	평가 단계

▲ 그림 1 시범 학습의 적용 단계

1) 준비 단계

준비 단계에서는 먼저, 학습내용에 해당하는 실무과목의 NCS 능력단위를 분석해야 한다. NCS 능력단위 분석은 교육과정과 학습모듈을 활용할 수 있다. 교육과정은 국가교육과정정보센터(http://ncic.go.kr)에 제시된 교과별 교육과정(각론)을 활용하고, NCS 능력단위의 학습모듈(실무과목 교과서)은 NCS 홈페이지(www.ncs.go.kr)를 활용하여 분석한다.

다음으로 교사는 시범 학습 수업을 위한 환경을 조성하고, 수업 준비 및 평가 계획을 수립해야 한다. 교사는 시범을 적용하는 단계별로 계획을 수립하고, 학습자에게 필요한 내용을 수업 시작 전에 준비한다.

효과적인 시범 학습 수업이 되기 위한 사전 준비 사항은 다음과 같다.

① 시범 수업이 이루어질 교실 및 실습장을 선택하고, 적절한 환기 및 조명 시설 마련
② 시범 수업에 필요한 장비, 공구, 실습 재료 준비
③ 시범 수업에 필요한 시제품, 사진, 동영상, 도표 등 보조 자료 준비
④ 시범 실습지시서 개발
⑤ 시범 수업 후 학습자 평가를 위한 평가 도구 개발

다만, 시범 학습 단계별 계획이 잘 수립되었더라도 학습자들의 학습 준비 및 참여 태도가 미흡하다면, 수업은 제대로 이루어지기 어려울 수 있다. 따라서 학습자들이 시범을 통해 새로운 기능·기술을 습득할 준비가 될 수 있도록 동기 유발 및 주의를 집중하도록 한다. 이를 위한 구체적인 내용은 다음과 같다.

① 산업현장에서 요구하는 NCS와 관련하여 흥미를 일으킬 수 있는 교육내용을 소개한다.
② 실제 산업현장에서 제작된 시제품 및 실습 완성 작품, 시청각 보조 자료 (동영상, 사진 등) 등을 보여준다.
③ 해당 NCS 능력단위와 연계된 취업 분야와 미래 경력개발경로 및 모형을 제시한다.
④ 해당 NCS 능력단위와 연계된 NCS 기반 자격 및 경력개발모형을 설명한다.
⑤ 필요시 산학협력교사를 활용하여 실제 산업현장에서 요구하는 교육·훈련이 되도록 한다.

2) 제시(시범) 단계

교수·학습내용을 설명하고, 시범을 보이는 단계로 제시(시범) 단계에서는 교사가 학습자들에게 습득해야 할 기능이나 기술, 원리 등을 시범을 통해 명확하게 가르쳐줌으로써 학습자의 이해를 높인다. 교사는 시범 계획을 세워 목표를 분명하게 하고, 무엇을 보여줄 것인가를 명확하게 하며, 시범의 각 과정에 대한 연관성을 학습자에게 제시해야 한다. 시범 도중 준비 부족으로 시범이 중단되는 일이 없도록 해야 한다.

시범은 단순히 교사의 시범만 보여주는 일방적인 수업이 아니라 학습자들에게 설명과 질문이 동시에 이루어지도록 한다. 제시(시범) 단계는 설명 단계와 시범 단계로 구분할 수 있다.

가) 설명 단계

설명 단계는 교사의 시범에 대해 학습자의 이해를 높이고, 시범에 필요한 기능·기술 이론 및 원리, 작업 순서를 설명하는 단계이다. 이 단계는 교사의 주도로 시청각 매체 및 장비 등을 활용하여 시범 전에 이루어진다.

교사의 설명은 일관성 있고 체계적으로 학습자들이 NCS 능력단위에 대해 명확하게 이해하도록 하고, 꼭 필요한 것임을 인지하도록 한다. 설명은 시범과 동시에 이루어지거나 설명을 미리 하고 시범이 이루어질 수 있으며, 설명이 끝난 후에 학습자의 질문을 통해 설명으로 부족한 부분을 보완해야 한다.

나) 시범 단계

시범 단계는 실무과목의 NCS 능력단위에 해당하는 기능을 학습자들에게 바람직하고 분명한 동작으로 시범을 보인다. 시범을 통해 교사와 학습자가 직접 만나 수업이 이루어지며, NCS 능력단위의 전반적인 과정 및 기능은 물론 학습자 개인의 개별화 지도가 가능하다. 시범을 보이기 전에 학습자들이 현재 알고 있는 내용과 관련하여 시범을 보일 내용을 분명하게 제시한다.

3) 응용(실습) 단계

교사로부터 들은 설명과 관찰한 시범을 학습자가 실제 적용하는 단계로서, 학습자들은 이 단계에서 지식과 기능을 습득하게 되는 중요한 단계이다[11](노태천 외, 2015, pp. 230−231).

응용(실습) 단계는 시범이 끝나고 학습자들이 배운 내용을 실제 직접 경험해 보는 단계이며, 이 단계에서는 반복된 실습 과정을 거쳐 숙련이 이루어진다. 실습 시간은 학습자 스스로 체험하고 습득하여 익숙해질 수 있도록 충분하게 배정해야 한다.

실습 시 교사는 학습자를 방치하는 것이 아니라 학습자를 면밀하게 관찰하고, 순회하면서 지도 및 조언하도록 한다. 순회 시 질의응답이나 학습자의 개인 수준차에 따른 추가 시범 등을 통해 수준별 수업이 이루어지도록 한다. 즉, 교사는 순회하면서 학습자들의 부족한 부분을 보완하고, 원활한 실습이 이루어지기 위한 수업 분위기를 조성한다.

4) 평가 단계

평가 단계는 교수·학습의 목적이 제대로 이루어졌는가를 확인하기 위한 과정으로 학습자가 학습목표에 도달하였는지에 대한 여부를 확인하여 이에 대한 피드백을 제공한다. 아울러, 시범 학습의 교수·학습 방법 측면에서 효과적이고

---

11) 노태천·이용순·류병로·김태훈(2015). 공업교육학신론(개정판). 서울: 문음사.

내실 있게 운영했는지에 대한 피드백도 함께 제공한다.

전문교과Ⅱ 실무과목에 시범 학습을 적용하는 경우, NCS 능력단위와 연계하여 이와 부합하는 적절한 평가 방법을 선정하고, 평가 계획을 수립해야 한다. 다만, 실무과목은 평가는 NCS 능력단위별로 평가해야 하며, 성취평가제를 고려하여 평가해야 한다.

따라서, 시범 학습 수업에서의 평가 계획 수립 시, NCS 능력단위를 각각으로 구분하여 평가가 이루어질 수 있도록 한다. 학습자 평가는 NCS 능력단위별로 평가하여, NCS 능력단위별로 학습목표에 도달하였는지를 확인하고, 이수 여부를 판단한다.

▮표 3 시범 수업 단계별 활동 내용

단계	설명 단계	제시(시범) 단계	응용(실습) 단계	평가 단계
활동내용	• 해당 NCS 능력단위 설명 • 학습자의 수행내용에 대해 명확하게 설명 • 설명과 시범을 동시에 실시 가능 • 설명 후 질의응답	• 교사의 위치를 고려하여 시범을 보임 • 순차적으로 시범을 보임 • 시범을 위한 행동반경을 명확하게 함 • 학습자가 보는 방향과 반대 방향으로 동작	• 시범 단계에서 배운 내용 실습 • 적절한 모둠 편성 • 가장 많은 시간 배정 • 학생 실습과 교사 감독 병행 실시	• 학습자의 부족한 부분 수정 • 학습자 질의응답 • 평가 자료 수집 • 실습 분위기 조성

3.
시범 학습을 활용한 NCS 기반 교수·학습 전략

가. 시범 학습을 위한 준비 사항

시범 학습은 NCS 능력단위 내용 중에서 기능이나 기술 숙련에 도달하는 데 적합한 교수·학습 방법이다. 따라서 시범 학습에서 교사는 학습의 효과를 높이기 위하여 바람직한 행동이나 동작을 보여주고, 구체적인 설명도 함께 제시한다. 이외에도 교사가 준비할 사항은 다음과 같다.

① 교사는 시범에 필요한 시설 및 기자재, 도구 등에 대한 사용 방법, 작동 순서 및 절차를 정확히 숙지해야 한다.
② 교사는 시범 중간 학습자들의 참여도와 흥미를 유발하기 위한 발문을 준비해야 한다.
  (예 "왜 이렇게 해야 하지요?", "이 다음에는 어떻게 해야 하지요?", "여기서 중요한 게 뭘까요?")
③ 교사는 시범 시 단계별로 어떻게 하고, 왜 하는지 등 학습자의 이해를 높이기 위한 구체적이고 간단명료한 설명을 함께 제시한다.
④ 새롭거나 복잡한 기능의 동작은 여러 번 보여주며, 필요시 사진 및 동영상 촬영을 통해 학습자가 언제든지 확인할 수 있도록 한다.
⑤ 교사가 시범을 보이고 난 후 즉시 학습자들이 실습을 통해 반복 연습하도록 한다.
⑥ 교사가 시범을 보인 후 학습자들이 연습할 때 기능이 습득될 수 있도록 충분한 시간을 부여하고, 학습자 간 미비한 부분은 질문 및 추가 시범을 통해 해결한다.

나. 시범 수업의 실습지시서 작성 및 활용

효과적인 시범 수업을 위해서는 교사의 시범 후 학습자 중심의 개별화된 실습이 이루어져야 한다. 실습을 개별화하는 효과적인 방법은 학생이 사용하는 실습지시서를 작성하여 활용하는 것이다.

수업을 전개하는 과정에서 학습지도안이 교사의 활동을 이끌어 주듯이 지시서는 학생들이 실험·실습을 할 때의 학습 활동의 방향과 내용을 지시해준다[12] (노태천 외, 2015, p. 238).

1) 실습지시서 적용

교사가 시범을 보인 후 학습자들에게 제공하는 학습 자료로 실습지시서를 활용한다. 학습자는 실습지시서의 과제와 내용을 분석하고 실습을 수행한다.

실습지시서는 보조 자료로 한 장이거나 여러 장일 수 있고, 문장화된 지시사항에 시각적인 자료를 추가하여 만드는 것이 일반적이다. 실습지시서는 학교 및 학과에서 제공하거나 교사가 직접 작성할 수 있고, 실습 관련 산업 분야의 산업체, 교육원, 유관기관 등에서 제공받을 수 있다. 교사는 실습 과제 수행에 부가적으로 필요한 작업지시서, 참고자료 등을 함께 제공하기도 한다.

실습지시서를 활용하여 개인별 학습이 이루어진다고 하더라도 교사는 학습자들이 실습지시서에 의해 실습하는 동안 순회하면서 학습자들을 개인별 지도하고 필요에 따라 학습자 개인이나 전체에게 시범이나 중요사항, 주의사항 등을 다시 설명해야 한다.

2) 실습지시서의 이점

실습지시서를 활용하여 얻을 수 있는 이점은 다음과 같다(직업훈련연구소, 1982).

① 실습지시서를 적절하게 사용하면 학습자에게 실습 기간에 효과적인 학습 경험을 제공할 수 있다.

---

12) 노태천·이용순·류병로·김태훈(2015). 공업교육학신론(개정판). 서울: 문음사.

- 학습자가 몇 가지 작업을 하느냐, 어느 수준의 능력 범위에서 작업을 하느냐 하는 상황에 맞는 실습지시서를 잘 준비하는 교사는 학습자의 이러한 다양성을 통제해 나갈 수 있다. 따라서 교사는 학습자를 가르치는 데 있어 개별 지도라는 가장 중요한 기능을 수행할 수 있게 된다.
② 실습지시서는 설명이나 지시의 반복을 줄여 시간을 절약할 수 있다.
- 실습지시서를 사용함으로써 학습과제에서 새로운 진행 과정에 대한 지시, 기술, 새롭게 적절한 자료가 쉽게 구체화될 수도 있다.
③ 실습지시서는 필요할 때 참조할 수 있는 확실하고 명료한 지시사항이 있으므로 학습자들이 터무니없는 실수를 하지 않도록 해준다.
- 실습과제를 일찍 끝낸 학습자는 새롭게 도전해 볼 만한 과제로 빨리 전환할 수 있고, 좀 부진한 학습자는 미루거나 포기하지 않고 과제를 수행해 나갈 수 있다. 모든 학습자들은 지시에 따라서 자신의 능력을 개발시키고 실습을 효율적으로 체계화할 수도 있다.
④ 잘 작성된 실습지시서는 학습자들의 흥미를 유발할 수 있고, 주어진 실습 과제를 잘 수행할 수 있도록 도와준다.

하지만 실습지시서는 오남용의 단점이 있다. 즉, 실습과제별로 같은 자료가 몇 번이고 쓰이고, 해마다 되풀이하여 사용할 경우, 효용성이 감소된다. 그리고 실습지시서에 기술된 지시가 너무 상세하면 학습자의 독창적이고, 자발적인 문제해결의 기회가 없어질 수 있다.

3) 실습지시서 작성 방법

실습지시서 작성에 있어서, 학습자에게 잘못된 지식의 학습을 방지하고, 실습 과정에서의 혼란을 방지하도록 모든 사실이나 자료 등의 내용이 정확한지를 철저히 검토해야 한다. 실습지시서에 표기된 철자, 문법, 전문 용어 등도 올바른지 확인하여야 한다. 실습지시서는 학습자들이 흥미를 유발할 수 있도록 구성이나 양식이 짜임새 있도록 해야 한다.

이를 위한 실습지시서 작성 방법을 제시하면 다음과 같다.

① 실습지시서는 직설적이고 대상 학생들이 쉽게 이해할 수 있는 어휘를 사용하여야 한다. 새로운 용어는 정의하여 알려주고 자주 쓰이지 않거나 애매한 단어나 문장은 가능하면 피한다.

② 학습자가 필요한 내용을 쉽게 찾을 수 있도록 모든 실습지시서는 단순한 체제이어야 한다. 제목이나 목적, 삽화, 교재 등은 쉽게 읽을 수 있고 눈에 잘 띌 수 있도록 표에 명시되어야 한다.

③ 표제나 소제목, 또는 강조하고 싶은 내용은 쉽게 판별할 수 있도록 밑줄을 친다.

④ 용어는 혼란이 없도록 일관성 있게 사용한다.

⑤ 명확한 이해를 위하여 문장에 스케치나 삽화 또는 도표를 첨가한다.

⑥ 특별한 지시사항은 가능하면 간단하고 명료하게 한다.

⑦ 실습지시서 분량은 가능하면 한 장의 종이에 압축하고, 내용 구성에서 어느 부분에 몰리지 않게 한다.

⑧ 여러 가지 항목, 요점, 문장 등은 숫자나 문자, 공간, 점으로 분류한다.

⑨ 학습 자료는 관련이 있는 내용만을 포함한다. 즉, 아무리 훌륭하게 보이더라도 무관하고 불필요한 자료는 실습지시서 내에 포함하지 않는다.

4) 실습지시서 양식

시범 학습 수업의 실습지시서는 학습자의 실습 목적과 특징, 실습실에서의 효과성 등에 따라 작업지시서, 요소 작업지시서, 참고자료지 등으로 나뉜다.

실습지시서에는 NCS 능력단위를 이수하는 데 필요한 설명과 지시가 포함되어야 하며, 관련 장비, 도구, 재료, 도면 등을 제공하고, 실습 시 유의사항이나 평가 방법도 함께 포함되어야 한다. 구체적인 실습지시서 양식은 다음과 같다.

▍표 4 실습지시서 양식

실습지시서			
실습과제명			
NCS 능력단위 (분류코드)		능력단위요소	
교육목표	• • •		
장비, 도구, 재료		작업시간	
실습도면			
실습수행	1. 2. ⋮		
유의사항	• • •		
평가 방법	• • •		

4. 시범 학습의 NCS 교수·학습의 실제

가. 시범 학습 적용을 위한 교육과정 분석

시범 학습 적용을 위해 해당 교과목을 구성하는 내용영역(능력단위)의 NCS 능력단위 수준, NCS 훈련시간 등을 분석하여 시범 학습에 필요한 NCS 능력단위를 선정하고, 이에 따른 수준, 이수 시간, 성취기준 등을 확인한다.

▌표 5 시범 학습을 위한 교육과정 분석

교과목 구분	과목명(세분류)	NCS 능력단위(분류코드)	수준	훈련시간	편성단위	비고
소　계						
소　계						
합　계						

과목명	NCS 능력단위 (내용영역)	능력단위요소 (내용영역요소)	성취기준
			• • •
			• • •
			• •
			• •
			• •

나. 시범 학습의 수업 설계서 작성

수업 설계서는 학습자들이 알아야 할 중요한 내용을 일목요연하게 제시하는 지도와 같은 역할을 한다. NCS 능력단위별 시범 학습 수업 설계서 양식은 다음과 같다.

┃표 7 시범 학습 수업 설계서(NCS 능력단위별) 양식

<table>
<tr><td colspan="7" align="center">시범 학습 수업 설계서</td></tr>
<tr><td rowspan="2">NCS 분류</td><td colspan="2" align="center">대분류</td><td align="center">중분류</td><td align="center">소분류</td><td colspan="2" align="center">세분류</td></tr>
<tr><td colspan="2"></td><td></td><td></td><td colspan="2"></td></tr>
<tr><td rowspan="5">학습내용
(NCS
능력단위)</td><td colspan="2" align="center">능력단위(분류코드)</td><td colspan="2" align="center">능력단위요소(내용영역요소)</td><td align="center">수준</td><td align="center">차시</td></tr>
<tr><td colspan="2" rowspan="4"></td><td colspan="2"></td><td></td><td></td></tr>
<tr><td colspan="2"></td><td></td><td></td></tr>
<tr><td colspan="2"></td><td></td><td></td></tr>
<tr><td colspan="2"></td><td></td><td></td></tr>
<tr><td>학습목표
(성취기준)</td><td colspan="6">1.
2.</td></tr>
<tr><td>직업기초능력</td><td colspan="6"></td></tr>
<tr><td>선수 및 연계
교과</td><td colspan="2">① </td><td colspan="2">② </td><td colspan="2">③ </td></tr>
<tr><td>실습장비</td><td colspan="3"></td><td align="center">소요재료</td><td colspan="2"></td></tr>
<tr><td>학습도구</td><td colspan="6"></td></tr>
<tr><td>활동 내용</td><td colspan="2" align="center">교수 활동</td><td colspan="2" align="center">학습 활동</td><td colspan="2" align="center">소요
시간</td></tr>
<tr><td>준비 단계</td><td colspan="2">•
•
•</td><td colspan="2">•
•
•</td><td colspan="2"></td></tr>
<tr><td>제시(시범)
단계</td><td colspan="2">•
•
•</td><td colspan="2">•
•
•</td><td colspan="2"></td></tr>
<tr><td>응용(실습)
단계</td><td colspan="2">•
•
•</td><td colspan="2">•
•
•</td><td colspan="2"></td></tr>
<tr><td>평가 단계</td><td colspan="2">•
•
•</td><td colspan="2">•
•
•</td><td colspan="2"></td></tr>
<tr><td>평가 방법</td><td colspan="6"></td></tr>
</table>

다. 시범 학습의 학습지도안 작성

학습지도안은 학습자를 가르치기 위한 가장 세부적이고 구체적인 계획이다[13](이무근·김재식·김판욱, 2020, p. 202). 교수·학습 방법의 종류에 따라 학습지도안이 작성되며, 이를 수업에 적용한다. 하지만 학습지도안을 지나치게 복잡하게 작성한다면 실제 수업에서 모두 적용할 수 없는 반면, 너무 간략하게 작성하면 수업에 적용할 필요가 없게 된다.

시범 학습을 적용한 실무과목의 학습지도안도 시범 학습에 적합하게 구성되어야 하며, 교육내용과 학습자 수준, 교수매체, 학습경험 등에 따라 특성을 고려하여 작성해야 한다.

1) 학습지도안의 구비 조건[14]

① 지도안에서 예상했던 학습목표의 달성 결과에 대해 설명이 있어야 한다.
② 지도안은 이미 학습한 사항과 연결되어야 한다.
③ 지도안에는 학습 과정, 교재, 활동의 선택과 조직이 제시되어야 한다.
④ 지도안에는 학습 진행의 형태에 맞는 지도 기술이 제시되어야 한다.
⑤ 지도안에는 목표 달성의 성공도에 대하여 적절한 평가 방법이 준비되어 있어야 한다.
⑥ 지도안은 앞으로의 학습에 관련되도록 계획되어 있어야 한다.

2) 학습지도안 작성 시 유의사항

① NCS 능력단위의 교육훈련 목표가 전체 학습목표 및 각 단위 학습 시간별 학습목표로 명료하게 제시되도록 한다.
② 학습지도안은 NCS 능력단위를 활용하여 실제 산업현장의 상황에 적합하도록 구체적인 내용으로 작성해야 한다.
③ 학습지도안의 지도 순서를 교육내용의 위계성과 순서를 고려하여 일목요

---

13) 이무근·김재식·김판욱(2020). 실기교육방법론(제5판). 파주: 교육과학사.
14) 이무근·김재식·김판욱(2020). 실기교육방법론(제5판). 파주: 교육과학사.

연하게 제시해야 한다.

④ 다양한 교수·학습 방법 및 교수매체를 활용함으로써 수업 내용 및 진행이 단조롭게 되지 않도록 하며, 학습자의 동기를 유발시켜야 한다.

⑤ 학습지도안에는 학습목표를 달성하는 데 필요한 실습 재료, 학습도구, 시청각 자료 등에 대한 활용 방법을 제시한다.

라. 시범 학습의 평가 방법 선정 및 적용

NCS 기반 교육과정에서 실무과목의 평가는 성취평가제와 연계하여 NCS 능력단위별로 평가해야 한다. 이에 따라 시범 학습 수업에 적용된 NCS 능력단위도 성취평가제와 연계하여 평가해야 한다.

NCS 능력단위별 평가를 통해 학습자가 해당 능력단위의 학습목표(성취기준)를 달성하였는지를 확인하여 능력단위 이수가 성공적으로 이루어졌는지 판단할 수 있으며, 이를 수행평가에 반영한다.

시범 학습과 연계하여 NCS 능력단위 특성에 맞게 적절한 평가 방법을 선정하고, 평가 계획을 수립하며, 수업에 적용된 NCS 능력단위에 대한 전체적이고 구체적인 평가가 동시에 이루어지도록 한다.

다양한 평가 방법 중 시범 수업에 적용된 NCS 능력단위의 이수 여부를 판단하는 데 적합한 평가 방법을 선정하기 위해서 NCS 능력단위 및 학습모듈에서 제시한 평가 방법이나 관련 NCS 기반 자격의 훈련 기준 등에서 제시한 평가 방법을 활용할 수 있다.

시범 학습에서 활용할 수 있는 평가표는 다음과 같다.

▌표 8 시범 학습 평가표

단계	평가 영역	평가 항목	평가 기준	평가 방법	성취도		
					상	중	하

마. 시범 학습 수업 적용 예시(교과목: 피복아크용접)

1) NCS 기반 교육과정 분석

가) 피복아크용접 교과목의 NCS 기반 교육과정 분석

▌표 9 피복아크용접 교과목의 NCS 기반 교육과정 분석

교과목 구분	과목명 (세분류)	NCS 능력단위 (분류코드)	수준	훈련시간	편성단위	비고
실무 과목	피복 아크 용접	피복 아크 용접 작업 안전보건관리 (1601050101_14v1)	3	8시간	0.5단위	
		피복 아크 용접 도면해독 (1601050102_14v1)	5	40시간	2.5단위	
		피복 아크 용접 재료준비 (1601050103_14v1)	3	12시간	1단위	
		피복 아크 용접 장비준비 (1601050104_14v1)	2	8시간	0.5단위	
		피복 아크 용접 가용접 작업 (1601050105_14v1)	3	20시간	2단위	
		피복 아크 용접 본용접 작업 (1601050106_14v1)	4	160시간	21단위	
		피복 아크 용접부 검사 (1601050107_14v1)	5	30시간	2단위	
		피복 아크 용접 결함부 보수용접 작업 (1601050108_14v1)	5	30시간	2단위	
		피복 아크 용접작업 후 정리·정돈 (1601050109_14v1)	2	8시간	0.5단위	
합　계				316시간	32단위	

나) 피복아크용접 NCS 능력단위 분석

(1) 피복아크용접 교과목의 NCS 능력단위 성취기준 분석

▌표 10 피복아크용접 교과목의 NCS 능력단위 성취기준 분석

과목명	NCS 능력단위 (내용영역)	능력단위요소 (내용영역요소)	성취기준
피복 아크 용접	피복 아크 용접 작업안전보건 관리 (1601050101_14v1)	용접작업 안전수칙 파악하기	• 산업안전보건법에 따라 용접작업의 안전수칙을 준수할 수 있다. • 산업안전보건법에 따라 안전보호구를 준비하고 착용할 수 있다. • 안전사고 행동 요령에 따라 사고 시 행동에 대비할 수 있다. • 용접장비의 안전수칙을 숙지하여 장비에 의한 사고에 대비할 수 있다.
		용접작업장 주변 정리 상태 점검하기	• 화재예방을 위해 용접작업장 주변에 인화물질을 점검하고 소화용 장비를 준비할 수 있다. • 용접작업 시 추락 방지와 낙하물에 의한 사고를 예방하기 위하여 작업장 주변을 점검할 수 있다. • 용접작업장 청결을 위해 주변을 깨끗이 정리·정돈할 수 있다. • 용접작업장의 환기를 위해 환기시설을 확인하고 설치, 조작할 수 있다.
		용접 안전보호구 점검하기	• 안전을 위하여 보호구 선택 시 유의사항을 파악할 수 있다. • 안전수칙에 규정된 보호구 구비조건을 파악하고 사용할 수 있다. • 안전보호구의 특징을 알고 이를 선택 착용할 수 있다.
		안전 점검하기	• 용접작업 전 전원장치 및 부속설비 등의 상태를 점검 할 수 있다. • 용접작업 전 용접기 전원스위치(on, off) 상태를 점검할 수 있다. • 용접작업 전 용접기 접지상태를 점검할 수 있다. • 용접작업 전 전격방지기의 작동 여부를 확인할

과목명	NCS 능력단위 (내용영역)	능력단위요소 (내용영역요소)	성취기준
			수 있다. • 용접작업 전 용접케이블의 절연 여부를 점검하고 보수할 수 있다.
		물질안전보건자료 점검하기	• 모재의 특징을 점검하고 적합한 조치를 할 수 있다. • 용접봉 심선의 특징을 점검하고 적합한 조치를 할 수 있다. • 피복제의 특징을 점검하고 적합한 조치를 할 수 있다.
	피복 아크 용접 도면해독 (1601050102_14v1)	용접기호 확인하기	• 용접자세를 지시하는 용접 기본기호를 구별할 수 있다. • 용접이음, 그루브의 형상을 지시하는 용접 기본기호를 구별할 수 있다. • 가공 상태를 지시하는 용접 보조기호의 의미를 구별할 수 있다.
		도면 파악하기	• 제작도면을 해독하여 도면에 표기된 용접자세, 용접이음, 그루브의 형상 등을 파악할 수 있다. • 제작도면에 표기된 용접에 필요한 기본 요구사항 등을 파악할 수 있다. • 제작도면을 해독하여 용접구조물 형상을 파악할 수 있다.
		용접절차사양서 파악하기	• 용접절차사양서에서 용접 일반에 관한 특정 사항 등을 파악할 수 있다. • 용접절차사양서에서 요구하는 이음의 형상을 파악할 수 있다. • 용접절차사양서에서 요구하는 용접방법에 대하여 파악할 수 있다. • 용접절차사양서에서 요구하는 용접조건을 파악할 수 있다. • 용접절차사양서에서 요구하는 용접 후처리 방법에 대하여 파악할 수 있다.
	피복 아크 용접 재료준비 (160105010	모재 준비하기	• 용접구조물의 사용성능에 맞는 모재를 선택할 수 있다. • 요구하는 용접강도 및 모재 두께에 알맞은 그루

과목명	NCS 능력단위 (내용영역)	능력단위요소 (내용영역요소)	성취기준
	3_14v1)		브형상을 가공할 수 있다. • 요구하는 이음형상으로 모재를 배치할 수 있다. • 작업에 사용할 모재를 청결하게 유지할 수 있다.
		용접봉 준비하기	• 용접절차사양서에 따라 모재의 화학성분, 기계적 성질에 적합한 용접봉을 선택할 수 있다. • 용접절차사양서에 따라 모재의 두께, 이음형상에 적합한 용접봉을 선택할 수 있다. • 용접절차사양서에 따라 용접성, 작업성에 적합한 용접봉을 선택할 수 있다. • 용접봉 피복제 종류에 따른 적정 건조온도와 시간을 관리할 수 있다.
		용접치공구 준비하기	• 용접치공구의 특성을 알고 다룰 수 있다. • 용접포지셔너의 특성을 알고 적용할 수 있다. • 용접구조물 형태에 따른 치공구 특성을 알고 배치할 수 있다. • 용접변형에 따른 역변형과 고정력을 치공구에 반영할 수 있다.
	피복 아크 용접 장비준비 (1601050104_14v1)	용접장비 설치하기	• 작업 전 용접기 설치장소의 이상 유무를 확인할 수 있다. • 용접기의 각부 명칭을 알고 조작할 수 있다. • 용접기의 부속장치를 조립할 수 있다. • 용접기에 전원 케이블과 접지 케이블을 연결할 수 있다. • 용접용 치공구를 정리 · 정돈할 수 있다.
		용접설비 점검하기	• 아크를 발생시켜 용접기의 이상 유무를 확인할 수 있다. • 전격방지기의 용도를 알고 이상 유무를 확인할 수 있다. • 용접봉 건조기의 용도를 알고 이상 유무를 확인할 수 있다. • 환풍기의 용도를 알고 이상 유무를 확인할 수 있다. • 용접포지셔너의 용도를 알고 이상 유무를 확인할 수 있다.

과목명	NCS 능력단위 (내용영역)	능력단위요소 (내용영역요소)	성취기준
			• 용접설비가 작업여건에 맞게 배치되었는지를 확인할 수 있다.
		환기장치 설치하기	• 환풍기의 종류를 알고 작업여건에 따라 선택할 수 있다. • 작업환경에 따라 환기방향을 선택하고 환기량을 조절할 수 있다. • 작업장의 환기시설을 조작하고 이상 유무를 확인할 수 있다. • 이동용 환풍기를 설치할 때 이상 유무를 확인할 수 있다.
	피복 아크 용접 가용접 작업 (1601050105_14v1)	모재치수 확인하기	• 도면에 따라 용접조건에 맞는 모재의 재질을 확인할 수 있다. • 도면에 따라 용접조건에 맞는 모재의 치수를 확인할 수 있다. • 도면에 따라 길이 및 각도 측정용 공구 등을 사용하여 치수를 측정할 수 있다.
		용접부 이음형상 확인하기	• 도면에 따라 이음형상이 조립되어 있는지 확인할 수 있다. • 이음형상에 따라 치공구를 배치할 수 있다. • 조립부의 치수가 도면과 일치하는지 확인할 수 있다.
		용접부 가용접하기	• 도면에 따라 용접구조물 조립을 위한 순서를 파악할 수 있다. • 도면에 따라 용접구조물의 이음형상에 적합한 가용접 위치 및 길이를 파악할 수 있다. • 도면에 따라 용접구조물의 응력 집중부를 피하여 가용접 작업을 수행할 수 있다. • 도면에 따라 용접구조물이 변형되지 않도록 가용접 작업을 수행할 수 있다.
	피복 아크 용접 본용접 작업 (1601050106_14v1)	용접조건 설정하기	• 용접절차사양서에 따라 피복 아크 용접을 실시할 모재의 특성, 두께, 이음의 형상을 파악할 수 있다. • 용접절차사양서에 따라 용접전류를 설정할 수 있다.

과목명	NCS 능력단위 (내용영역)	능력단위요소 (내용영역요소)	성취기준
			• 용접절차사양서에 따라 적합한 용접기의 작업 기준을 설정할 수 있다. • 용접절차사양서에 따라 용접 작업표준을 설정할 수 있다.
		용접부 온도관리	• 용접부 형상과 모재의 종류에 따른 예열 기구를 이해하고 적용할 수 있다. • 용접절차사양서에 규정된 예열 온도를 준수하여 용접부를 예열할 수 있다. • 다층용접인 경우에는 용접절차사양서에 규정된 층간 온도를 준수하여 용접작업을 할 수 있다.
		용접부 본용접하기	• 용접절차사양서에 따라 용접기의 종류를 선정하고 용접조건을 설정할 수 있다. • 용접절차사양서에 따라 용접작업을 수행할 수 있다. • 용접절차사양서에 따라 용접 전후 처리를 할 수 있다.
	피복 아크 용접부 검사 (1601050107_14v1)	용접 전 검사하기	• 모재의 재질 및 용접조건을 확인할 수 있다. • 용접이음과 그루브의 형상 상태를 확인할 수 있다. • 용접부 모재의 청결 상태를 확인할 수 있다. • 용접구조물의 가용접 상태를 확인할 수 있다.
		용접 중 검사하기	• 용접부의 변형 상태를 확인할 수 있다. • 용접부의 외관 결함 여부를 확인할 수 있다. • 용접부 용착 상태를 확인할 수 있다.
		용접 후 검사하기	• 용접부 외관검사를 할 수 있다. • 용접부 잔류응력, 내부응력을 확인할 수 있다. • 용접부 비파괴 검사를 실시할 수 있다.
	피복 아크 용접 결함부 보수용접 작업 (1601050108_14v1)	용접부 결함 확인하기	• 치수상 결함 여부를 확인할 수 있다. • 용접형상, 오버랩, 언더컷, 용접균열 등의 여부를 확인할 수 있다. • 용접부의 기계적 성질을 확인할 수 있다.
		보수기준 확인하기	• 규격(KS, ASME, AWS 등)에 의한 결함 판정 기준을 파악할 수 있다.

과목명	NCS 능력단위 (내용영역)	능력단위요소 (내용영역요소)	성취기준
			• 기공, 슬래그혼입, 언더컷 등에 대한 보수용접 기준을 파악 할 수 있다. • 확인한 용접결함에 대해 보수기준을 적용하여 보수작업 진행 여부를 결정할 수 있다.
		용접결함 보수하기	• 확인된 용접결함부의 제거를 실시 한 후 보수 용접 작업을 수행할 수 있다. • 보수용접 작업을 수행한 용접부에 후처리를 실 시할 수 있다. • 후처리까지 마친 용접부에 비파괴 검사를 실시 하여 결함 보수 완료 여부를 확인할 수 있다.
	피복 아크 용접작업 후 정리 · 정돈 (1601050109_14v1)	전원 차단하기	• 용접기 본체의 전원스위치를 차단할 수 있다. • 용접설비 기기의 전원을 차단할 수 있다. • 배기환기시설의 전원을 차단할 수 있다. • 용접작업장에 공급되는 전체 전원을 차단할 수 있다.
		용접작업장 정리 · 정돈하기	• 용접케이블을 안전하게 정리 · 정돈할 수 있다. • 용접작업 시 사용한 전기기기를 안전하게 정리 · 정돈할 수 있다. • 용접작업 후 잔여 재료를 구분하여 정리 · 정돈할 수 있다. • 용접용 치공구를 정리 · 정돈할 수 있다. • 용접작업 시 사용한 안전보호구를 종류별로 정리 · 정돈할 수 있다. • 용접작업장의 작업안전을 위해서 항상 청결하게 정리 · 정돈할 수 있다.
		용접작업 후 안전점검하기	• 용접작업 후 용접기 전원스위치(on, off) 상태를 점검할 수 있다. • 용접작업 후 용접케이블의 손상 여부를 점검하고 보수할 수 있다. • 용접작업 후 화재의 위험요소 잔존 여부를 확인할 수 있다. • 용접작업 후 안전점검을 시행하고 안전일지를 작성할 수 있다.

(2) 시범 수업에 적용할 NCS 능력단위(피복아크용접 가용접 작업) 분석

┃표 11 시범 수업에 적용할 NCS 능력단위(피복아크용접 가용접 작업) 분석

구분	주요 내용
NCS 능력단위	피복아크용접 가용접 작업(1601050105_14v1)
지식	• 가용접 시 주의사항에 대한 지식 • 도면을 확인할 수 있는 지식 • 이음형상에 대한 지식 • 금속에 대한 지식 • 용접구조물의 하중에 대한 지식 • 용접변형에 대한 지식 • 측정원리에 대한 지식 • 치공구에 대한 지식 • 치수에 따른 가용접 길이에 대한 지식 • 도면에서 요구하는 이음형상에 대한 지식
기술	• 가용접부 가공 기술 • 각도 측정용 공구 사용 기술 • 길이 측정용 공구 사용 기술 • 치공구 사용 기술 • 용접변형 및 응력 특성 평가 기술
태도	• 이음형상 확인 시 정확성을 유지하려는 의지 • 정확한 가용접 공정 준수 의지 • 치수 확인 시 정확성을 유지하려는 의지
필요자료	• 용접구조물 재질, 사용 성능 및 용도 맞는 용접 방법에 대한 자료 • 용접절차사양서에 선행되었던 절차서 자료 • 용접재료 및 모재에 대한 기계적 성질 및 화학성질 자료 • 용접구조물제작에 대한 각국의 규격 자료(KS, JIS, ISO, ASME 등) • 가용접 및 조립에 대한 체크리스트(가접, 용접변형, 잔류응력 비파괴 검사, 후열처리, 용접변형 교정 등) • 용접작업장 시설물별 체크리스트(소화기, 작업장, 작업조건 등) • 용접작업장 안전점검 및 안전점검 매뉴얼 • 산업안전보건법
필요장비	• 피복 아크 용접기 • 절단장비: 수동가스절단기, 자동절단기, 전단기 등 • 용접조립용 지그: 가접용 지그, 변형방지용 지그등

구분	주요 내용
	• 비파괴 검사기: 자분탐상검사(MT), 침투탐상검사(PT), 방사선탐상검사(RT), 초음파탐상검사(UT) • 측정용 장비: 측정용 확대경, 용접게이지, 버니어켈리퍼스, 강철자, 직각자, 줄자, 옵티컬 측정기, 다이얼 게이지, 캠브리지 게이지, 필릿 게이지, 용접게이지, 하이트 게이지 등
소요재료	• 모재 • 용접봉
평가 시 고려 사항	• 용접절차사양서의 분석 능력 • 용접장비 운용 능력 • 비파괴 검사장비 운용 능력 • 용접 도면 해독 능력 • 용접변형 방지장비 운용 능력 • 장비 및 자재의 종류 및 특성에 대한 지식 • 부적합 품질의 처리 방법에 대한 지식

2) 수업 설계서

▎표 12 시범 학습 수업 설계서(NCS 능력단위별) 예시(과목명: 피복아크용접)

NCS 분류	대분류		중분류	소분류	세분류
	16. 재료		01. 금속재료	05. 용접	01. 피복아크용접
교육내용 (NCS 능력단위)	능력단위(분류코드)		세부학습내용 (능력단위요소)	수준	차시
	피복아크용접 가용접 작업 (1601050105_14v1)		용접부 가용접하기	3	12~30/34
학습목표 (성취기준)	1. 도면에 따라 용접구조물 조립을 위한 순서를 파악할 수 있다 2. 도면에 따라 용접구조물의 이음형상에 적합한 가용접 위치 및 길이를 파악할 수 있다. 3. 도면에 따라 용접구조물의 응력 집중부를 피하여 가용접 작업을 수행할 수 있다.				
직업기초능력	의사소통능력, 문제해결능력, 자원관리능력, 대인관계능력, 정보능력, 기술능력				
교수 · 학습 방법	시범 학습, 모둠 학습				

선수 및 연계 교과	① 기초제도		② 금속재료		③ 기계기초공작
실습장비	피복아크용접기, 절단장비, 지그(대), 가스토치, 유압프레스, 히팅코일, 측정용 장비 등			소요재료	모재, 용접봉
학습도구	피복아크용접 비드쌓기 NCS 학습모듈, 관련 산업 분야 용접 도면, 작업지시서 등				
평가 방법	평가자 체크리스트, 작업장 평가, 구두발표, 평가자 질문				

활동 내용	교수 활동	학습 활동	소요 시간
준비 단계	• 피복아크용접 가용접 작업 능력단위 및 NCS 학습모듈 확인 • 시범 학습 교육 환경 여건 및 준비사항 마련 • 학습자 동기 및 흥미 유발 방안 마련 • 평가 계획 수립 및 안내	• 피복아크용접 가용접 NCS 학습모듈 확인 • 피복아크6용접 가용접에 대한 준비 사항 숙지 • 평가 항목 및 고려 사항 숙지	2h
시범 단계	• 피복아크용접 가용접에 대한 기초 이론 및 작업 순서, 사용장비, 도구 등을 설명(용접 동영상 및 그림 제시) • 시범을 위한 좌석 배치 및 환경 마련 • 학습자를 고려하여 시범 순서 및 방향, 시범 단계 적용 • 시범 시 설명과 발문을 함께 진행	• 교사 설명 청취 • 피복아크용접 가용접 시범 관람 및 필요시 발문 • 시범 시 방해 행위 금지 • 설명 및 시범 시 의문사항 질문	4h
실습 단계	• 시범에서 배운 내용 실습 • 실습 모둠 편성 및 역할 분담 • 실습과제 부여 및 관련 정보 제공 • 시범 내용을 숙련하기 위한 충분한 시간 제공 • 학습자 관리감독 실시 • 평가 자료 수집	• 2인 1모둠 총 10모둠 구성 • 피복아크용접 가용접하기 실습 • 시범에 대해 이해가 부족한 내용에 대해 추가 시범 요청	18h
평가 단계	• 피복아크용접 가용접의 평가 항목별 평가 실시	• 평가를 위한 자료 제공 • 개인별 및 모둠별 평가 실시	4h

활동 내용	교수 활동	학습 활동	소요 시간
	• 성취평가제와 연계하여 능력단위별 평가 실시 • 평가 후 피드백 방안 마련		

3) '피복아크용접 가용접 작업' 평가표

┃표 13 피복아크용접 가용접 작업 평가표

단계	평가 영역	평가 항목	평가 기준	평가 방법	성취도 상	중	하
시범 단계	가용접 순서 이해	용접 구조물 조립 순서 파악 여부	• 상-조립순서를 스스로 정확하게 파악한다. • 중-조립순서를 스스로 파악한다. • 하-조립순서를 주변의 도움을 받아 파악한다.	구두 발표		V	
		가용접 순서 숙지 여부	• 상-가용접 순서를 스스로 정확하게 숙지한다. • 중-가용접 순서를 스스로 숙지한다. • 하-가용접 순서를 주변의 도움을 받아 숙지한다.	평가자 질문	V		
		용접규정에 따른 용접 작업에 대한 이해 여부	• 상-용접규정에 따른 용접작업을 정확하게 이해한다. • 중-용접규정에 따른 용접작업을 이해한다. • 하-용접규정에 따른 용접작업을 부분적으로 이해한다.	평가자 질문	V		
	가용접 장비 및 도구의 사용 이해	전기용접기 부속장치 구성과 특성 파악 여부	• 상-전기용접기의 부속장치의 구성과 특성을 정확하게 파악한다. • 중-전기용접기의 부속장치의 구성과 특성을 파악한다. • 하-전기용접기의 부속장치의 구성과 특성을 부분적으로 파악한다.	평가자 질문			V
		전기용접기 이상 시 점검 및	• 상-전기용접기 이상 시 점검 및 점검방법을 스스로 적절하게 제시한다. • 중-전기용접기 이상 시 점검 및 점검	구두 발표		V	

단계	평가 영역	평가 항목	평가 기준	평가 방법	성취도		
					상	중	하
		점검방법의 적절성	방법을 적절하게 제시한다. • 하-전기용접기 이상 시 점검 및 점검 방법을 주분의 도움을 받아 제시한다.				
		전기용접기 조작에 대한 적절성	• 상-전기용접기를 스스로 정확하게 조작한다. • 중-전기용접기를 스스로 적절하게 조작한다. • 하-전기용접기를 주변의 도움을 받아 조작한다.	평가자 질문		V	
실습 단계	가용접 작업 수행 하기	용접 구조물의 응력 집중부 파악 여부	• 상-용접구조물의 응력 집중부를 스스로 정확하게 파악한다. • 중-용접구조물의 응력 집중부를 스스로 파악한다. • 하-용접구조물의 응력 집중부를 주변의 도움을 받아 파악한다.	작업장 평가	V		
		용접장치의 구성과 특성 파악 여부	• 상-용접장치의 구성과 특성을 스스로 정확하게 파악한다. • 중-용접장치의 구성과 특성을 스스로 파악한다. • 하-용접장치의 구성과 특성을 주변의 도움을 받아 파악한다.	작업장 평가	V		
		용접기 점검 및 점검방법의 적절성	• 상-용접기 점검 및 점검방법에 대해 스스로 정확하게 설명한다. • 중-용접기 점검 및 점검방법에 대해 스스로 설명한다. • 하-용접기 점검 및 점검방법에 대해 주변의 도움을 받아 설명한다.	작업장 평가	V		
		용접기 주요 부품의 기능 파악 여부	• 상-용접기 주요 부품의 기능을 스스로 정확하게 파악한다. • 중-용접기 주요 부품의 기능을 스스로 파악한다. • 하-용접기 주요 부품의 기능을 주변의 도움을 받아 파악한다.	작업장 평가		V	
		전류 조절의	• 상-용접작업에 필요한 전류를 스스로 적절히 조절한다.	작업장 평가		V	

단계	평가 영역	평가 항목	평가 기준	평가 방법	성취도		
					상	중	하
		적절성	• 중-용접작업에 필요한 전류를 스스로 조절한다. • 하-용접작업에 필요한 전류를 주변의 도움을 받아 조절한다.				
	용접기 전원 상태 점검	용접작업 후 용접기 전원스위치 (on, off) 상태 점검 여부	• 상-용접작업 후 용접기 전원스위치 (on, off) 상태를 스스로 정확하게 점검한다. • 중-용접작업 후 용접기 전원스위치 (on, off) 상태를 스스로 점검한다. • 하-용접작업 후 용접기 전원스위치 (on, off) 상태를 주변의 도움을 받아 점검한다.	평가자 질문		∨	
		용접작업 후 용접케이블의 손상 여부 점검	• 상-용접작업 후 용접케이블의 손상 여부를 스스로 정확하게 점검한다. • 중-용접작업 후 용접케이블의 손상 여부를 스스로 점검한다. • 하-용접작업 후 용접케이블의 손상 여부를 주변의 도움을 받아 점검한다.	평가자 질문			∨
	위험 요소 잔존 여부 점검 및 안전 일지 작성	용접작업 후 화재의 위험요소 잔존 여부 확인	• 상-용접작업 후 화재의 위험요소 잔존 여부를 스스로 정확하게 확인한다. • 중-용접작업 후 화재의 위험요소 잔존 여부를 스스로 확인한다. • 하-용접작업 후 화재의 위험요소 잔존 여부를 주변의 도움을 받아 확인한다.	평가자 체크 리스트			∨
		용접작업 후 안전점검을 시행하고 안전일지를 작성 여부	• 상-용접작업 후 안전점검을 시행하고 안전일지를 스스로 적절하게 작성한다. • 중-용접작업 후 안전점검을 시행하고 안전일지를 스스로 작성한다. • 하-용접작업 후 안전점검을 시행하고 안전일지를 주변의 도움을 받아 작성한다.	평가자 체크 리스트		∨	
	사용한 케이블 및 공구	용접 케이블을 안전하게 정리정돈	• 상-용접케이블을 스스로 적절히 안전하게 정리정돈한다. • 중-용접케이블을 스스로 안전하게 정리정돈한다.	구두 발표	∨		

단계	평가 영역	평가 항목	평가 기준	평가 방법	성취도		
					상	중	하
	정리	여부	• 하-용접케이블을 주변의 도움을 받아 안전하게 정리정돈한다.				
		용접작업 시 사용한 전기기기를 안전하게 정리정돈 여부	• 상-용접작업 시 사용한 전기기기를 스스로 적절히 안전하게 정리정돈한다. • 중-용접작업 시 사용한 전기기기를 스스로 안전하게 정리정돈한다. • 하-용접작업 시 사용한 전기기기를 주변의 도움을 받아 안전하게 정리정돈한다.	평가자 질문	V		
		용접작업 후 잔여 재료를 구분하여 정리정돈 여부	• 상-용접작업 후 잔여 재료를 구분하여 스스로 적절히 정리정돈한다. • 중-용접작업 후 잔여 재료를 구분하여 스스로 정리정돈한다. • 하-용접작업 후 잔여 재료를 구분하여 주변의 도움을 받아 정리정돈한다.	평가자 질문		V	
	치공구 및 안전 보호구 정리 정돈	용접용 치공구를 정리정돈 여부	• 상-용접용 치공구를 스스로 적절하게 정리정돈한다. • 중-용접용 치공구를 스스로 정리정돈한다. • 하-용접용 치공구를 주변의 도움을 받아 정리정돈한다.	평가자 체크 리스트		V	
		용접작업 시 사용한 안전보호구를 종류별로 정리정돈 여부	• 상-용접작업 시 사용한 안전보호구를 종류별로 스스로 적절하게 정리정돈한다. • 중-용접작업 시 사용한 안전보호구를 종류별로 스스로 정리정돈한다. • 하-용접작업 시 사용한 안전보호구를 종류별로 주변의 도움을 받아 정리정돈한다.	평가자 체크 리스트	V		
		용접작업장의 작업안전을 위해서 항상 청결하게 정리정돈	• 상-용접작업장의 작업안전을 위해서 항상 청결하게 스스로 적절하게 정리정돈한다. • 중-용접작업장의 작업안전을 위해서 항상 청결하게 스스로 정리정돈한다. • 하-용접작업장의 작업안전을 위해서	평가자 체크 리스트	V		

단계	평가영역	평가 항목	평가 기준	평가방법	성취도		
					상	중	하
		여부	항상 청결하게 주변의 도움을 받아 정리 정돈한다.				

4) '피복아크용접 가용접 작업' 실습지시서

▌표 14 피복아크용접 가용접 작업 실습지시서

실습지시서			
실습과제명	피복아크용접 가용접 작업		
NCS 능력단위 (분류코드)	피복아크용접 가용접 작업 (1601050105_14v1)	능력단위요소	용접부 가용접하기
교육목표	• 도면에 따라 용접구조물의 이음형상에 적합한 가용접 위치 및 길이를 파악할 수 있다. • 도면에 따라 용접구조물의 응력 집중부를 피하여 가용접 작업을 수행할 수 있다.		
장비, 도구, 재료	피복아크용접기, 지그(대), 가스토치, 유압프레스, 히팅코일, 측정용 장비, 모재, 용접봉 등	작업시간	4시간
실습 도면	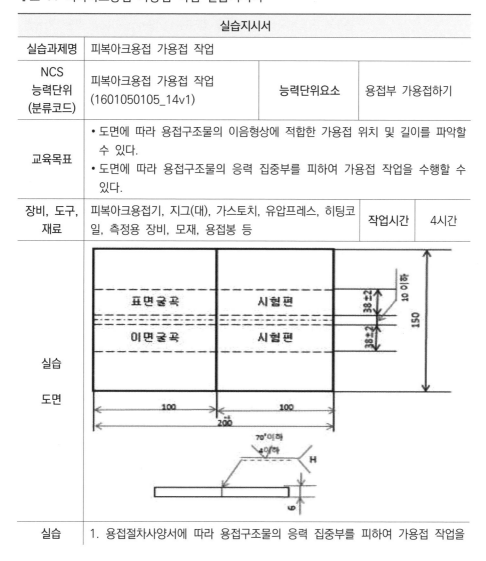		
실습	1. 용접절차사양서에 따라 용접구조물의 응력 집중부를 피하여 가용접 작업을		

수행한다.

가. 가용접은 본 용접을 하기 전에 소정의 홈의 치수를 유지하고 용접변형을 방지하며, 안정된 용접 결과를 얻기 위함이며, 가용접 방법을 안다.

　　1) 가용접 부위에 기공 및 슬래그 혼입 등이 발생하면 본 용접에서 용입부족, 기공발생의 원인이 된다.

　　2) 피복아크용접에 의한 가용접 시의 슬래그는 아크 불안정 및 용접결함의 원인이 되므로 완전히 제거하여야 한다.

　　3) 박판의 경우 피치를 작게 하는 가용접은 비드를 가늘고 짧게 하여 본 용접의 용입부족, 비드불량을 방지한다. (3mm 이하의 박판: 가용접 길이 3~5mm, 피치 30~150mm)

　　4) 중후판은 가용접의 피치를 크고 튼튼하게 해야 하며, 이면 비드용접의 경우 이면의 가용접은 할 필요가 없다.
　　(중후판: 가용접 길이 15~50mm, 피치 100~150mm)

나. 가용접 시 유의사항을 안다.

　　1) 가능한 이면에 가용접을 한다.

　　2) 본 용접에 들어가기 전에 가용접의 개시점과 종료점을 제거한다.

　　3) 용접 개시점과 종료점에는 가능한 가용접을 피한다.

　　4) 본 용접 시에는 가용접 비드를 충분히 녹이도록 한다.

　　5) 용접지그 또는 용접 고정구를 이용하여 용접함으로써 가능한 가용접을 적게 한다.

　　6) 엔드탭(end tap)을 부착하여 홈을 고정시킨다.

2. 용접절차사양서에 따라 용접구조물이 변형되지 않도록 가용접 작업을 진행한다.

가. 홈 가공을 끝낸 판은 제품으로 제작하기 위해 조립(assembly) 또는 가접(tack welding)을 실시한다.

　　1) 용접 시공에 있어서 조립 또는 가접은 중요한 공정의 하나이다.

　　2) 가접은 본 용접을 실시하기 전에 좌우의 홈 또는 이음부분을 잠정적으로 고정하기 위한 짧은 용접인데 균열, 기공, 슬래그 섞임 등 많은 결함을 수반하기 쉬우므로 원칙적으로 중요한 용접부에는 가접을 피하도록 한다.

　　3) 필요한 경우에는 본 용접 전에 갈아내는 것이 좋다.

　　4) 강도상 중요한 곳과 용접의 시점 및 종점이 되는 끝부분은 가접을 피하도록 한다.

　　5) 용접은 본 용접과 비슷한 기량을 가진 용접사에 의해 실시되어야 한다.

　　6) 가접 시에는 본 용접보다도 지름이 약간 가는 용접봉을 사용하는 것이

수행

순서

좋다.

7) 구조물을 조립할 때 사용하는 용접지그(welding jig)는 제품을 정확한 형상과 치수로 조립한다.

8) 안정된 아래보기 자세로 용접작업을 할 수 있기 때문에 적당한 용접지 그를 선택하여 사용하는 것이 좋다.

9) 용접지그는 용접물을 용접하기 쉬운 상태로 놓기 위한 포지셔너(positioner) 와 용접제품의 치수를 정확하게 하기 위하여 변형을 억제하는 용접 고정구 에는 정반이나 스트롱백(strong back) 등이 있는데 이러한 지그를 적절히 사용한다면 다음과 같은 이점이 있다.

　가) 동일 제품을 다량 생산할 수 있다.

　나) 제품의 정밀도와 용접부의 신뢰성을 높인다.

　다) 작업을 용이하게 하고 용접 능률을 높인다.

10) 지그 사용 시 다음 사항에 유의해야 한다.

　가) 지그의 제작비가 많이 들지 않아야 한다.

　나) 구속력이 너무 크면 잔류응력이나 용접균열이 발생하기 쉽다.

　다) 사용이 간단해야 한다.

3. 일반적으로 가용접 시 주의해야 할 사항은 다음과 같다.

1) 본 용접사와 동등한 기량을 갖는 용접사가 가용접을 시행한다.

2) 본 용접과 같은 온도에서 예열을 한다.

3) 개선 홈 내의 가접부는 백치핑으로 완전히 제거한다.

4) 가용접 위치는 부품의 끝 모서리나 각 등과 같이 응력이 집중되는 곳은 피한다.

5) 용접봉은 본 용접작업 시에 사용하는 것보다 약간 가는 것을 사용하고, 간격 은 일반적으로 판 두께의 15~30배 정도로 하는 것이 좋다.

6) 가용접 비드의 길이는 판 두께에 따라 변경한다.

유의사항	• 용접구조물 제작 시 가용접 주의사항, 이음형상, 용접구조물의 하중 및 변형에 대처 사항과 방지 방법에 대한 관리를 한다. • 용접지그 사용 시 변형을 방지할 수 있는 구조와 강성을 가진 것을 준비한다. • 가접 시 약간 높은 전류를 사용하거나 지름이 작은 용접봉을 사용하여 용접한다. • 용접할 부분에 가접은 피하며, 변형이 생기지 않는 구조가 될 수 있도록 유념한다. • 주의사항을 지속적으로 파악하고 위험한 행동이나 무리한 자세의 작업을 하지 않는다. • 용접작업 시 물기가 묻어있는 장갑, 작업복, 신발 등은 절대 착용하지 않는다. • 화재예방을 위해 소화기를 비치한다.
평가 방법	평가자 체크리스트, 작업장 평가, 구두발표, 평가자 질문

Ⅲ

NCS 기반 협동학습
방법과 실제

협동학습의 개요

현대사회에서 협동의 중요성은 점점 커지고 있다. 물론 어떤 관계에서든 경쟁적 요소가 있겠지만, 공통의 목표 달성을 위해 참여자가 협동할 수 없다면 모든 것을 잃게 될 것이다. 여러 연구에 의하면 협동학습은 대체로 경쟁 학습이나 개별학습과 비교할 때 전 교육과정 영역, 전 학생 연령에 걸쳐 학업 성취, 협동 기술, 자아 존중감, 타인에 대한 태도 등 인지적, 정의적 영역에 긍정적 학습 효과가 있는 것으로 나타나고 있다.[1]

협동학습은 학습 능력이 다른 학생들이 동일한 학습목표를 향하여 소집단 내에서 함께 활동하는 수업 방법으로 학습내용보다 학습구조에 관심을 둔 교수·학습 방법이다.

소집단이나 전체 학습 집단 안에 속한 학습자들이 협동을 통하여 '모두는 하나를 위하여, 하나는 모두를 위하여'라는 태도를 기르고, 집단 구성원들의 성공적인 학습을 위하여 서로 격려하고 도움으로써 학습 부진을 개선할 수 있도록 상호 유기적인 학습구조를 만들어 수업을 진행한다. 즉, 협동학습은 학습목표에 도달한 결과보다 목표를 이루어 가는 과정을 중시한다.

가. 협동학습의 등장 배경 및 필요성

1) 철학과 등장 배경

협동학습은 구성주의에 근간을 두고 있다. 구성주의는 Piaget의 인지적 구성주의와 Vygotsky의 사회적 구성주의로 분류된다. Piaget(1973)의 인지적 구성주

---

1) 이양락(2015). 협동학습을 통한 과학 교수-학습. 교육과학사. p. 9-11.

의는 인간은 지식을 습득할 때 능동적으로 자신의 경험에 비추어 사전 지식을 바탕으로 새로운 아이디어와 개념을 구성한다고 보고 교육도 학생 개개인과 그들의 생활을 중심으로 이루어져야 한다고 보았다. Vygotsky(1986)는 사회적 상호관계를 개인의 인지적 발달뿐 아니라 지식을 구성하는 가장 중요한 요인으로 꼽았다. 사회적 구성주의는 학습에서 사회적 상호작용을 중시하였으며, 구성주의에 입각한 교실 수업의 체계적인 학습구조는 Deutsch(1949)의 연구를 시작으로 발달하였다. 1940년대 Deutsch는 발달심리와 집단 구성원의 상호작용에 관한 사회심리학의 연구업적을 기초로 하여 협동학습 구조를 새롭게 생성시켰다. 1970년대에는 존스 홉킨스 대학의 De Vris & Edward(1974)가 체계적으로 협동학습의 실험연구를 시작하였고, Johnson & Johnson(1975), Slavin(1978) 등에 의해서 크게 전개되었다. 캘리포니아 대학의 Aronson(1978)에 의해 협동학습 모형인 직소(jigsaw) 모형이 개발되었으며, 이후 협동학습은 전 세계적으로 주목받는 수업 방법이 되었다.[2]

협동학습은 학습자의 학습 수준을 그대로 인정하면서도 서로가 협동하여 학습목표에 도달하여 학습 효과를 극대화한다. 왜냐하면 1인의 교사가 전체 다수 학습 집단을 통제하는 것은 쉬운 일이 아니지만, 협동학습에서는 학습자 간 상호작용을 통하여 자연스럽게 개별화 학습의 효과를 기대할 수 있기 때문이다. 아울러 협동학습은 사물과의 만남, 동료와의 만남, 자기 자신과의 만남 등을 통한 배움의 공동체 형성을 위하여, 즉 활동적이고 협동적이며 반성적인 배움을 위하여 유효한 교수·학습 전략을 제공해 줄 수 있다.

2) 협동학습의 필요성

경쟁 중심의 학습구조는 학생들의 학습 의욕을 감소시킬 뿐만 아니라 졸업 후 사회 진출에서의 조직 생활에 원만하게 적응하는 데 도움이 되지 않는다. 또, 교사 중심의 강의식 수업이 학습자들에게 획일적이고, 빠른 답을 제공해 주기는 하나, NCS 기반 교육과정에서 추구하는 실행 중심의 수업에서 학습자들의 흥미를 유발하고, 학습 효과를 높이는 데에는 한계가 있다.

---

2) 홍순태(2016). 협동학습의 이론과 실제. 한빛문화. p. 28-30.

따라서, 학습자가 능동적으로 수업에 참여하고, 학습자의 개성과 능력 그리고 잠재력을 발휘할 수 있는 수업 모형이 필요하다. 또한 직업 세계에서 필요한 정의적 영역의 능력을 학교에서 배양시켜 주고, 수업을 통해 자연스럽게 협동하는 생활 과정을 배워야 한다.

협동학습은 구체적인 학습 상황에서 학생 자신과 동료의 학습목표를 최대한 달성하기 위해 상호작용할 수 있도록 조직된 소집단 학습 방법이다.[3] 한편, 학교에서 적용되고 있는 전통적 소집단 학습인 모둠 학습의 경우, 학습자 간 상호작용, 협동과정 등 사회적 기술을 배양시켜 주지 못한다는 단점이 있다. 그렇다면, 협동학습과 전통적인 모둠별 학습의 차이에 대한 검토가 필요하다. Johnson & Johnson(1987)은 협동학습과 전통적 소집단 학습에 대한 차이를 다음과 같이 제시하였다.[4]

▌표 1 협동학습과 전통적 소집단 학습의 비교

구 분	협동학습	전통적 소집단 학습
상호의존성	긍정적인 상호의존성	존재하지 않음
개별 책무성	있음	없음
팀 구성원의 특성	이질적	종종 동질적
리더십	팀원이 공유	한 명의 지명된 리더
학습에 대한 책임	팀원 학습에도 책임 공유	자신의 학습에만 책임
학생들의 목표	팀원 학습 극대화 및 팀 관계유지	자신의 과제 완수
사회적 기능	직접 지도	있는 것으로 가정됨
교사의 역할	팀 활동 관찰하고 중재	팀 관찰이나 중재 거의 없음
탬 효율성 평가	팀 활동의 효율성 평가 절차 제고	팀 효율성 평가 절차 없음

협동학습은 공동의 학습목표를 이루기 위해 이질적인 학생들이 학습 집단을 통하여 함께 학습하는 교수·학습 전략이며, 학생 간의 활발한 상호작용을 통하

---

3) 이양락(2015). 협동학습을 통한 과학 교수-학습. 교육과학사. p. 12.
4) 이양락(2015). 협동학습을 통한 과학 교수-학습. 교육과학사. p. 20-21.

여 학습 효과를 극대화한 교수·학습 전략이다. 협동학습은 쉽게 말해 '또래 가르치기' 수업이다. 기존 모둠별 학습이 '비구조화된 또래 가르치기'라면 협동학습은 '구조화된 또래 가르치기'라고 할 수 있다.[5]

나. 협동학습의 특성

1) 협동학습의 원리

협동학습은 자신의 학습목표를 성취하기 위하여 집단 내의 다른 학습자를 경쟁의 대상이 아니라 협력의 대상으로 인식하게 하고, 학습자 본인의 성취목표를 집단 내 다른 학습자의 성취목표에 기초하도록 집단을 조직하는 교수·학습 방법이다.

협동학습은 학습자들이 소집단 내에서 함께 학습하는 것만으로는 성공적인 협동학습을 보장할 수 없을 뿐만 아니라 단순히 학생들을 집단으로 구성하여 학습하는 것이 아니다. 즉, 구조화되지 않고 유인책이 없는 협동학습은 학습에 있어 긍정적인 효과가 없다(Aronson & Patnoe, 1997). 효과적인 협동학습이 되기 위해서는 협동학습의 원리가 충분히 반영되어야 하는데 협동학습의 기본 원리는 다음과 같다.[6]

가) 긍정적 상호의존 관계의 원리

학습자 각 개인은 집단의 성공을 위해 자신뿐만 아니라 동료도 성공해야 하기 때문에 서로 도움을 주고받아야 한다. 즉, 다른 사람의 성과가 나에게 도움이 되고, 나의 성과가 다른 사람에게도 도움이 되게 한다는 것이다.

나) 면대면 증진적 상호작용의 원리

학습을 도와주고 나누고 격려하는 관계를 말하는 것으로 다른 학습자들에게

---

5) 김현섭(2016). 협동학습의 원리 및 실제. 한국협동학습연구회.
6) 홍순태(2016). 협동학습의 이론과 실제. 한빛문화. p. 30.

자신이 아는 것을 설명하면서 토의하고 가르치는 작용이다.

다) 개별적 책무성의 원리

학습자들은 자신의 모둠이 과제를 완수하고 학습목표에 모두 함께 도달할 수 있도록 자신의 역할을 다하고, 집단의 학습 활동에 적극적으로 참여하고 도와야 한다. 즉, 학습자 개인의 책임도 분명히 하면서 구성원 간의 협동도 중요하다.

라) 사회적 기술의 원리

집단 내에서의 갈등 관리, 의사결정, 효과적인 리더십, 능동적 청취 등으로 공동의 목표를 함께 달성하기 위해서 학습자들은 서로 신뢰하고, 정확한 의사소통을 해야 한다. 또한 서로를 인정하고 도움을 주고받으면서 문제를 해결하려는 적극적인 태도를 가져야 한다.

마) 집단 과정화의 원리

집단이 의도한 목표를 달성하기 위해서는 집단 구성원들 각자의 목표를 얼마나 잘 성취하고 공동의 목표를 달성하기 위해 노력하고 협동하였는지를 토론하고 평가해야 한다. 이를 위해서는 집단 구성원 모두가 적극적으로 학습 활동에 참여하여야 하고, 협동학습에서 요구되는 원칙과 기술을 익히고, 모든 구성원에게 진행되고 있는 활동에 대한 피드백을 제공하여야 한다.

2) 협동학습의 장·단점 및 극복 방안

NCS 기반 교육과정 운영 측면에서 협동학습의 효과를 높이기 위해서는 장·단점을 파악하고, 협동학습의 효율적인 수업 적용을 위한 효과적인 방안을 마련해야 한다.

가) 장점[7]

협동학습의 장점은 다음과 같다.

① 교과에 대한 지식의 증대: 혼자서 학습해서 얻는 지식보다 여러 사람이 협동해서 얻게 되는 지식이 클 수밖에 없다.
② 과제 도전에 필요한 기질, 성향, 태도의 계발: 다소 위험 부담이 따르는 일이어도 여럿이 하다 보면 기꺼이 도전하는 동기가 형성된다.
③ 구성원을 통한 학습: 학습자들은 구성원들을 통해 다른 사람의 자원, 즉 그 사람의 능력, 성향, 기질, 태도, 기능, 시간 등을 활용하는 것을 배운다.
④ 역할 분담의 학습: 구성원들이 무슨 일이든지 나누어 수행하다 보면, 이러한 역할 분담을 소중히 여기게 된다.
⑤ 자신과 타인에 대한 이해 증진: 소집단 활동을 통해 자신에게도 장점과 약점이 있고, 다른 사람에게도 장점과 약점이 있다는 것을 알게 되어 사람에 대한 이해가 확장된다.
⑥ 자신의 자원관리 능력 향상: 협동학습을 통해 학습자들은 자신의 자원, 즉 자신의 시간, 에너지, 능력, 성질 등을 스스로 관리하고 통제할 수 있게 된다.

나) 단점[8]

협동학습의 단점은 다음과 같다.

① 과정보다 결과 중시 가능성: 집단의 목표 달성이 강조되다 보면 학습의 과정보다 결과를 중시하게 될 수도 있다.
② 잘못 이해한 내용이 굳어질 위험성: 소집단이기 때문에 집단 구성원 전체가 잘못 이해하고 있는 내용이 옳은 것인 양 그대로 굳어질 수 있다.
③ 집단 응집성이 더 강조될 가능성: 학습보다 집단의 응집성이 더 강조될

---

7) 네이버 블로그. 소집단 학습. 상보적교수/협동학습/협동학습 모형.
8) 네이버 블로그. 소집단 학습. 상보적교수/협동학습/협동학습 모형.

수 있다.

④ 능력이 떨어지는 학생의 모멸감 초래 가능: 소집단 내에서 능력이 떨어지는 학생은 자신이 집단에서 불필요한 존재라고 느끼게 되어 모멸감이나 수치심을 가질 수 있다.

다) 극복 방안

협동학습의 효율적인 수업 적용을 위한 극복 방안은 다음과 같다.

① 협동학습을 위한 수업 설계 시 학습자들에게 목표 달성을 위한 과정의 중요성을 인식시키고 학습 절차를 상세하게 안내한다. 또한, 협동학습의 원리가 과정에 포함되도록 수업 설계를 하여 체계적인 학습 과정이 이루어지도록 한다.

② 학습내용을 학습자들이 바르게 이해하고 학습할 수 있도록 충분한 자료를 제공하고, 다른 집단과의 토의를 통해 학습내용을 검증하는 기회를 제공한다.

③ 다른 학습 집단과 상호 협력하여 학습이 진행되도록 하고, 객관적인 자료를 활용하고 모든 집단이 의견을 개진하는 기회를 제공한다.

④ 협동학습의 학습 집단은 이질적인 학습자 집단으로 구성되지만, 학습 집단 구성 시 교사가 집단의 팀워크를 고려하여 학습자를 적절하게 배치하고 집단 구성원 모두가 학습목표를 성취하는 것이 중요함을 강조하여 상호작용이 활발하게 이루어질 수 있도록 한다.

3) 협동학습 수업 설계 전략

가) 협동학습에서의 유의사항[9]

협동학습을 적용한 수업에서의 유의사항은 다음과 같다.
첫째, 교사의 철저한 사전준비가 필요하다. 교사는 협동학습의 기본 원리를

---

9) 김현섭(2016). 협동학습의 원리 및 실제. 한국협동학습연구회 발췌 정리.

잘 이해하고 학습내용에 맞는 협동학습 방법을 찾아내고 이를 적용하는 사전준비가 필요하다. 협동학습 모형 적용 시 학습자의 수준과 학습내용을 고려하여 간단한 방법부터 적용해 본 후, 다음 단계부터 점진적으로 복잡한 구조나 방법들을 적용해 간다. 아울러, 적용한 방법이 실패할 경우, 그 원인을 분석하여 보완하는 노력이 필요하다.

둘째, 협동학습으로 해결할 과제를 엄선하여, 주어진 수업 시간 내에 소화할 수 있도록 적절하게 과제를 재구성할 수 있어야 한다. 협동학습으로 수업을 진행할 경우, 학습내용이 너무 많아서 시간을 초과하는 경우가 있다. 그러므로 주어진 제한 시간 안에 성공적으로 수업을 마치기 위해서는 학생들이 제한 시간 안에 해결할 수 있는 과제와 학습 자료들을 재구성해야 한다.

셋째, 학생들의 자발적 참여와 동료 간 협력을 유도해야 한다. 협동학습의 성패는 수업에 대한 적절한 구조화와 학생들의 참여도와 협력에 달려 있다. 이를 위해 긍정적 보상을 제공하고, 동료 간 협력이 학습목표를 달성하는 수단으로 작용하도록 해야 한다.

넷째, 수업의 효과를 높이기 위해서는 적절한 경쟁 요소를 도입하여 활용하는 것이 필요하다. 무조건 경쟁을 배격하는 것이 아니라, 오히려 협동을 위해서 상호 간 적절한 경쟁을 도입하면 학습의 효율성이 높아지고 협동을 보다 강화할 수 있다.

다섯째, 수시로 협동하는 방법이나 의사소통 등 사회적 기술(Social skill)을 직접 가르쳐야 한다. 학습자들에게 과제를 분담하고 각자에게 고유한 역할을 부여했다고 해도 잘 지켜지지 않는 경우가 있으므로 교사는 수시로 사회적 기술을 가르쳐서 수업 과정에 있어서 협동의 원리가 잘 구현될 수 있도록 지도해 나갈 수 있어야 한다.

여섯째, 모둠 활동에 대한 교사의 관찰과 적절한 개입이 필요하다. 학습자들이 협동하여 공동의 학습목표를 달성할 수 있도록 교사는 모둠을 순회하며 지도해야 한다. 성공적으로 과제를 수행하는 모둠에는 긍정적 강화를 통해 활동을 적극적으로 강화하고, 반대로 활동이 부진한 모둠에는 직접 개입하거나 주제에 대한 설명이나 작품 제작 등의 조언을 한다.

일곱째, 집단 구성이 협동학습 활동 성패의 중요 요소임을 잊지 말아야 한다.

여러 가지 조건(성적, 교우관계 등)과 학습내용을 고려하여 다양한 방법으로 학습 집단을 구성한다. 필요한 경우, 일부 학생의 자리를 재배치하거나 일정 기간마다 적절하게 집단을 다시 구성하여 활동 격차를 최소화한다.

나) 협동학습 적용 방안

수업에 협동학습 방법을 적용하는 방안은 다음과 같다.

첫째, 소집단 구성은 이질적으로 구성한다. 소집단 구성은 4~6인으로 하되, 이질적인 성격을 가진 학생들끼리 집단을 구성한다. 모둠 구성방법에는 학생중심 방법, 교사중심 방법, 무작위 방법 등이 있다.

둘째, 이질적인 학생들의 마음을 하나로 묶어주기 위해서는 협동하려는 마음을 심어주어야 한다. 집단 세우기, 학급 세우기 등을 통해 집단의 정체성을 세우고 공동체성을 심어주어야 한다.

셋째, 교사 입장에서 협동학습을 잘 운영할 수 있는 기술이 필요하다. 협동학습에 필요한 수업 운영 기술 등을 익히고 잘 활용할 수 있어야 한다.

넷째, 남을 배려하는 협동 기술인 사회적 기술을 학생들에게 직접 가르쳐야 한다. 사회적 기술에 대한 중요도는 기존의 모둠별 학습에서는 낮지만, 협동학습에서는 매우 중요하다. 교사가 의도적으로 학생들에게 사회적 기술을 수업 시간이나 생활지도 등을 통해 직접 가르쳐야 한다.

다섯째, 협동학습의 기본 원리가 수업 활동에 잘 반영되어야 한다. 긍정적인 상호의존, 면대면 증진적 상호작용, 개별적인 책무, 사회적 기술, 집단 과정화 등이 수업 활동 속에서 잘 작동해야 한다.

여섯째, 다양한 협동학습 활동을 교실에서 잘 적용할 수 있어야 한다. 지금까지 개발된 다양한 협동학습 활동 및 모형을 수업 시간에 모두 적용할 필요는 없겠지만 교과 내용이나 학생의 특성에 따라 적절하게 적용할 수 있어야 한다.

2. 협동학습의 교수·학습 모형

협동학습의 교수·학습 모형은 크게 학생 팀 학습(STL, Student Team Learning)과 과제 전문화 방법(TSM, Task Specialization Method)으로 구분된다.

STL(학생 팀 학습)은 학생들을 집단으로 구성하여 동일한 내용을 학습하지만, 과제 전문화 방법은 각 집단이 학습할 내용을 분담하여 학습한 후에 학급 전체가 학습 결과를 공유하는 방식이다. 모든 협동학습 방법의 기본 아이디어는 학생들이 함께 학습하고, 자신의 학습뿐만 아니라 팀 동료의 학습에도 책임을 진다는 것이다. 학생 팀 학습은 이러한 아이디어 외에 팀 목표와 팀 성공, 즉 팀의 모든 구성원이 학습목표를 성취해야 한다는 것을 강조한다. 반면, TSM(과제 전문화 방법)은 개별 학생이 개별 과제를 해결함으로써 팀에 대하여 그 자신이 기여하는 것이다.[10]

학생 팀 학습법의 종류에는 대표적으로 팀 성취 분담학습(STAD, Student Team Achievement Division)이 있고, 과제 전문화 방법의 종류에는 직소(Jigsaw), 집단 탐구 모형(GI, Group Investigation), 자율적 협동학습(Co-op Co-op) 등이 있으며, 학생 팀 학습법과 과제 전문화 방법을 혼합한 종류에는 팀 보조 개별학습(TAI, Team Assisted Individualization)이 있다.

가. 팀 성취 분담학습(STAD) 모형

팀 성취 분담학습(STAD) 모형은 집단 내에서는 협력을 하지만, 집단 간에는 경쟁을 유도하는 학생 팀 학습 유형의 대표적인 수업 모형이다. 팀 성취 분담학습 모형에 대한 특징은 다음과 같다.

---

10) 이양락(2015). 협동학습을 통한 과학 교수-학습. 교육과학사. P. 31-32.

① 가장 간단한 협동학습 방법으로서 협동학습을 처음 적용하려는 교사에게 적합한 모형으로 모든 학년, 모든 과목에 적용 가능하다.[11]

② 완전학습을 위한 것으로 미국 존스 홉킨스 대학의 Slavin 등에 의해 기본 지식이나 기능의 완전학습을 위해 고안된 것이다.

③ 집단보상, 개별 책무성, 성취 결과의 균등 분배 추구 등이 중요한 모형으로 '집단보상, 개별적 책무성, 성취 결과의 균등 분배'라는 협동전략을 택하고 있다.

④ 모든 학습자에게 최고 점수를 받는 기회를 부여하며, 향상점수로 평가와 보상을 하기 때문에 학습 능력이 낮은 학습자도 최고 점수를 획득할 수 있다.

팀 성취 분담학습 모형을 수업에 적용하는 절차는 다음과 같다.

① 수업 안내: 교사는 단원의 전체 개요를 설명하고, 학습 방법을 설명한다.

↓

② 모둠(팀) 학습: 이질적인 학생 4~5명으로 모둠을 구성하고, 구성원 내의 과제별 역할 분담, 개인별 학습과 구성원 간의 상호학습을 한다. 구성원 모두가 과제를 해결할 때까지 학습을 한다.

↓

③ 퀴즈: 모둠 학습이 끝난 후 개인별로 퀴즈를 통해 형성평가를 받는다. 퀴즈는 모둠원 간의 도움을 받지 못하는 개인별 평가이고, 점수도 개인별로 계산된다.

↓

④ 평가: 평가는 학습을 통해 기본점수에서 향상 정도를 평가하는 개인별 향상점수로 계산된다. 모둠 평가는 개인별 향상점수의 평균으로 계산된다.

↓

⑤ 게시와 보상: 학습이 끝나면 개인별 점수와 모둠의 점수를 즉시 게시하고 칭찬과 보상을 제공한다. 칭찬과 보상은 스티커, 사탕 등을 제공하기도 하지만, 성적에도 반영하도록 하며, 학생들의 능동적 참여를 유도하도록 한다.

▲ 그림 1 팀 성취 분담학습(STAD) 모형의 절차

---

11) 이양락(2015). 협동학습을 통한 과학 교수－학습. 교육과학사. p. 33.

나. 직소 I (Jigsaw I) 모형

직소 I (Jigsaw I) 모형은 집단 내에서의 협력과 집단 간에도 협력을 유도하는 수업 모형이다. 학습자 개인과 집단 간의 경쟁적 학습 분위기를 협동적으로 전환하고, 집단으로 구성된 이질적인 학습자들이 서로 가르치고 배우는 상호의존적인 학습 형태이다. 직소 I 모형에 대한 특징은 다음과 같다.

① 집단의 팀원들에게 학습할 내용을 분담시키고, 각 팀원은 자기가 맡은 부분에 대해서만 학습 자료를 제공받는다.
② 전문가 집단을 구성하여 각 팀에서 같은 내용을 분담한 학생들이 모여 공동으로 토의하고 학습한다.
③ 집단 보상이 없는 관계로 과제를 분담하여 학습하지만, 학습 결과에 대한 개별적 책무성은 낮다.
④ 동료들 간에 긍정적 상호작용이 어렵다는 문제점이 발생한다.

직소 I 모형을 수업에 적용하는 절차는 다음과 같다.

① 모둠 구성: 이질적인 학생 4~6명으로 모둠을 구성한다.

↓

② 과제 부과: 학습할 단원이나 과제를 하위 과제로 나누고, 모둠 구성원의 수에 맞춰 나눈 후, 학습자들에게 역할을 분담하여 과제를 할당한다. 과제 할당은 학생들 스스로 분담하도록 한다.

↓

③ 전문가 활동: 각 모둠에서 같은 하위 과제를 담당한 학생들끼리 따로 모여 전문가 집단을 형성한 후 학생 상호 간 토의 · 토론을 통해 학습한다.

↓

④ 원 모둠 활동: 전문가 활동이 끝난 후 원래 소속된 모둠으로 돌아가 전문가 활동에서 학습한 내용을 모둠 구성원들에게 가르친다.

↓

⑤ 평가: 모든 학습이 끝난 후 학생들은 개인별 퀴즈를 보고 개인별로 점수를 받는다. 점수는 개인별 점수만 계산하고, 모둠 점수는 합산하지 않는다.

▲ 그림 2 직소 I (Jigsaw I) 모형의 절차

다. 직소 II (Jigsaw II) 모형

직소 II (Jigsaw II) 모형은 직소 I (Jigsaw I) 모형을 수정 및 보완한 수업 모형이다. 직소 II 모형은 개념을 학습하는 데 목적을 두며, 직소 I 모형보다 구성원 간의 보상 상호의존성을 높여 주는 방법이다. 즉, 학생들은 개인별 성적도 받지만 팀 성취 분담학습(STAD) 모형처럼 개인별 점수를 팀(모둠) 점수로 환산하여, 그 결과에 따라 보상받게 된다. 직소 II 모형에 대한 특징은 다음과 같다.

① 직소 I 모형의 단점을 보완하기 위한 협동학습 모형이다.
② 지필 형태의 설명식 자료를 활용하여 공부할 때 사용될 수 있는 방법이다. 학습 자료를 분담한 부분만 제공하는 것이 아니라 집단의 팀원들에게 모두 제공하고, 이 중에서 학습할 부분을 정해 준다.[12]
③ 학습자에게 단원 전체에 대해 학습 기회를 제공하기 때문에 성공 기회를 균등하게 제공한다.
④ 모든 학습자에게 단원 전체를 학습할 수 있는 경험과 기회를 제공한다.

직소 II 모형을 수업에 적용하는 절차는 다음과 같다.

① 모둠 구성: 이질적인 학생 4~6명으로 모둠을 구성한다.

⬇

② 과제 부과: 학습할 단원이나 과제를 하위 과제로 나누고, 모둠 구성원의 수에 맞춰 나눈 후, 학습자들에게 역할을 분담하여 과제를 할당한다. 과제 할당은 학생들 스스로 분담하도록 한다.

⬇

③ 전문가 활동: 각 모둠에서 같은 하위 과제를 담당한 학생들끼리 따로 모여 전문가 집단을 형성한 후 학생 상호 간 토의·토론을 통해 학습한다.

⬇

④ 원 모둠 활동: 전문가 활동이 끝난 후 원래 소속된 모둠으로 돌아가 전문가 활동에서 학습한 내용을 모둠 구성원들에게 가르친다.

---

12) 이양락(2015). 협동학습을 통한 과학 교수-학습. 교육과학사. p. 47.

⬇

⑤ 평가: 모든 학습이 끝난 후 학생들은 개인별 퀴즈를 보고 개인별로 점수와 모둠 점수를 산출한다. 개인별 점수뿐만 아니라 팀 성취 분담학습(STAD) 모형처럼 개인별 향상점수와 모둠 향상점수를 함께 산출한다.

⬇

⑥ 게시와 보상: 평가를 실시하고 팀 성취 분담학습(STAD) 모형처럼 향상점수와 팀 점수를 산출하여 그 결과에 따라 보상을 한다.

▲ 그림 3 직소 Ⅱ (Jigsaw Ⅱ) 모형의 절차

라. 집단 탐구(GI) 모형

집단 탐구(GI) 모형은 과제의 완성을 위해 집단을 구성하고 과제가 완성되면 교실 전체에 보고하고 피드백을 받는 수업 모형이다. 집단 탐구 모형은 집단을 먼저 구성한 후 과제를 집단 수에 맞춰서 제공한다. 집단 탐구 모형에 대한 특징은 다음과 같다.

① 개방적 협동학습 모형으로 학습할 과제의 선정에서 학습계획, 집단의 조직, 집단 과제의 분담, 집단 보고에 이르기까지 학생들 스스로 자발적인 협동과 논의로 학습이 진행된다.
② 보상 구조는 개별 보상과 집단 보상을 자유롭게 선택할 수 있는 구조이다.

집단 탐구 모형을 수업에 적용하는 절차는 다음과 같다.

① 주제 제시: 교사는 학생들이 해결해야 할 탐구 주제를 제시한다. 주제는 수업 1~2주 전에 미리 안내하고, 그 사이 학생들이 다양한 자료를 접하는 기회를 제공하도록 한다.

⬇

② 하위 주제 선정 및 모둠 구성: 교사가 제시한 주제에 대하여 학생들은 하위 주제를 탐색한다. 하위 주제 탐색은 교사와 학생 간의 질의응답이나 임시 모둠원 간의 토의를 통해서 선정한다. 하위 주제가 선정되면 자신이 희망하는 주제별 모둠을 구성한다.

↓

③ 계획 수립 및 역할 분담: 각 모둠은 자기들이 선택한 하위 주제를 대상으로 구체적으로 무엇을, 어떻게 연구하고, 누가 어떤 역할을 분담할 것인지 결정한다.

↓

④ 모둠 활동: 하위 주제별 구성된 모둠의 학생들은 주제 관련 정보와 자료를 모으고 정리하고, 이를 활용하여 주제의 해결 방법을 모색하기 위한 토의·토론 활동을 한다.

↓

⑤ 발표 준비: 각 모둠은 자신들의 하위 주제에 대해 수집한 정보와 자료, 토의·토론 활동 결과를 정리하여 전체 학급에 대해 발표할 준비를 한다.

↓

⑥ 발표: 각 모둠은 자신들이 맡은 주제에 대하여 정리한 자료를 바탕으로 전체 학급에 발표한다. 발표 시 평가지를 제작하여 발표한 내용이나 참여 과정 및 역할 수행 등을 평가한다.

↓

⑦ 평가: 평가는 주제에 대한 내용과 수행 과정을 평가한다. 주제 내용 평가는 발표 내용을 바탕으로 지필평가 형태로 수행할 수 있다. 수행 과정 평가는 관찰평가를 하거나 동료평가 방법을 활용할 수 있다. 발표 중에 대한 집단평가, 동료평가와 쪽지 시험 등을 이용하여 개인 평가를 하기도 한다.

▲ 그림 4 집단 탐구(GI) 모형의 절차

마. 자율적 협동학습(Co-op Co-op) 모형

자율적 협동학습(Co-op Co-op) 모형은 하나의 학급에게 부여한 전체 주제를 소주제로 분류하고, 이를 각각의 집단으로 구성하여 학급 전체가 협동해서 주제(과제)를 해결하는 수업 모형이다. 전체 과제에 대해 학생들은 토의·토론을 통해 학생이 희망하는 소주제별로 집단(모둠)을 만들고, 집단 내에서 미니 주제로 나누어 개인이 학습하게 된다. 자율적 협동학습 모형에 대한 특징은 다음과 같다.

① 자율적 협동학습(Co-op Co-op) 모형은 집단 탐구(GI) 모형을 보완하기 위한 것이다. 자율적 협동학습 모형은 구체적이고 정교하지 못한 절차와 활동으로 인해 협동학습의 효과를 충분히 보여주지 못한 점을 보완하기 위해 개발된 것이다.

② 학급 전체의 협동이 이루어지며, 각 모둠이 전체 주제와 관련된 소주제를 학습하여 전체 학급에 공헌하도록 한다.

③ 팀 성취 분담학습(STAD) 모형과 직소(Jigsaw) 모형과 같이 학습자가 자신의 팀을 위해 협동을 하지만, 자율적 협동학습(Co-op Co-op) 모형에서는 자신의 호기심을 만족하고, 공부한 내용을 학급 동료들과 공유하기 위해 학습한다.

④ 학습과 협동이 모두 목적이 된다. 팀 성취 분담학습(STAD) 모형과 직소(Jigsaw) 모형에서는 학습과 협동은 목적, 즉 팀이 이기는 것이지만, 자율적 협동학습(Co-op Co-op) 모형에서는 학습과 협동은 수단과 목적이 된다.

자율적 협동학습 모형을 수업에 적용하는 절차는 다음과 같다.

① 주제 소개: 교사가 전체 학급에서 학습할 주제를 학생들에게 소개한다.

↓

② 학생중심 학급 토의·토론: 학생들은 주제에 대하여 브레인스토밍 등의 방법을 활용하여 전체 학습 토의·토론을 통하여 하위 주제를 선정한다.
※ 토의·토론 목적은 학생들이 주제에 대한 학습보다는 호기심 유발을 통해 참여도를 높이는 데 있다. 즉, 이 모형에서 학습은 교사가 정한 목표에 도달하는 것이 아니라 학생의 호기심과 흥미를 유발하는 과정이다.

↓

③ 주제 선택(모둠 구성): 학생들은 하위 주제 중에서 자신이 학습하려는 주제를 선택한다. 모둠 구성은 주제 선택에 따라 모둠을 구성할 수도 있고, 이질적인 집단 특성을 고려하여 모둠을 구성할 수도 있다.

↓

④ 모둠 팀워크 형성: 이 모형은 모둠 구성원 간의 신뢰 형성, 긍정적 모둠 정체성 형성 등이 매우 중요한 요인이기 때문에, 팀워크를 형성하는 활동(모둠 세우기 활동)을 한다.

↓

⑤ 주제의 정교화: 하위 주제별 모둠 구성원 간의 토의·토론 활동을 통해 자신들이 맡은 하위 주제를 지금보다 정교한 형태로 구체화하고 범위를 정한다.

↓

⑥ 미니 주제 선택 및 역할 분담: 모둠 구성원들은 정교화된 하위 주제를 세부 미니 주제로 나누고, 나누어진 미니 주제 중에서 구성원 희망에 따라 미니 주제를 선택하여 역할을 분담한다.

↓

⑦ 미니 주제 학습 및 발표 준비: 학생들은 자신이 담당할 미니 주제에 대하여 개인별 학습을 하고, 이 내용을 정리하여 모둠에서 발표할 자료를 준비한다.

↓

⑧ 모둠 내 미니 주제 발표: 학생들은 모둠 내에서 자신이 맡은 미니 주제에 대한 학습한 내용을 발표하고, 모둠 구성원 간에 토의 · 토론 활동을 한다.

↓

⑨ 모둠 발표 준비: 미니 발표가 끝난 후, 그 내용을 종합 정리하여 모둠별 하위 주제의 발표 자료를 준비한다.

↓

⑩ 모둠 발표: 모둠별 발표 자료를 바탕으로, 전체 학급 학생을 대상으로 발표하고, 전체 학급 학생 전체가 토의 · 토론 활동을 한다.

↓

⑪ 평가: 평가는 주제 내용과 수행 과정을 평가한다. 평가 시, 최종 발표한 보고서와 발표 등을 평가하는 것도 중요하지만, 모둠 내에서의 미니 주제 발표와 모둠 내에서의 기여도 등을 함께 평가하도록 한다.

▲ 그림 5 자율적 협동학습(Co-op Co-op) 모형의 절차

바. 팀 보조 개별학습(TAI) 모형

팀 보조 개별학습(TAI) 모형은 Slavin과 그의 동료들이 초등학교 3~6학년 수학 프로그램에 적용하기 위해 개발한 수업 모형이다. 팀 보조 개별학습 모형은 개별화 교수 프로그램의 단점을 보완하려는 목적이 있다. 이 수업 모형은 소집단에 대한 직접 교수법, 프로그램화된 자료를 통한 개별 활동, 그리고 팀 학습기법 등으로 구성된다. 팀 보조 개별학습 모형에 대한 특징은 다음과 같다.

① 협력학습과 개별학습을 혼합하여 완전학습을 이루려는 학습모형이다.
② 개별화 수업이 가지고 있는 본질적 한계인 혼자서 학습하거나 이질적 동료 간의 부족한 상호작용으로 인한 지루함을 극복할 수 있도록 해준다.
③ 이질적인 동료와의 학습자 간 학습과 팀 경쟁을 통해 학습 동기를 높일 수 있다.

팀 보조 개별학습 모형을 수업에 적용하는 절차는 다음과 같다.

① 모둠 구성: 모둠 구성은 이질적인 학생들로 구성하되, 진단평가 성격의 사전 검사를 통하여 4~6명 정도로 구성한다.

⬇

② 학습 자료 배부: 교사는 학생 수준에 맞는 학습 자료(학습지)를 배부하고, 이를 활용해 개인별 학습을 하도록 한다.

⬇

③ 모둠 활동: 개인별 학습이 끝난 후, 모둠 내 다른 구성원에게 점검을 받는다. 문제를 다 맞힐 때까지 개인별 학습을 하며, 문제해결이 어려운 경우 모둠 내 구성원 또는 교사의 도움을 받는다.

⬇

④ 형성평가: 모둠 활동에서 형성평가 형태의 단원별 평가 문제지를 풀고, 모둠 구성원 2명씩 짝을 지어 문제지를 상호 교환하여 채점한다. 이 점수가 80% 이상이면, 해당 단원 학습을 마무리할 수 있고 개인별 평가 시험을 볼 수 있게 된다.

⬇

⑤ 평가: 모둠 활동 및 형성평가 후 개인별 시험을 보게 된다. 개인별 시험 점수의 합이 각 모둠의 점수가 되고, 미리 설정한 점수를 초과했을 때 모둠은 보상을 받게 된다.

▲ 그림 6 팀 보조 개별학습(TAI) 모형의 절차

3.

협동학습을 활용한 NCS 기반
교수 · 학습 전략

가. 교수 · 학습 전략

NCS 기반 교육과정의 교과 중에서 실무과목의 교수 · 학습 전략은 수업의 결과 뿐만 아니라 과정도 중요하다. 특히 협동하는 방법은 수업의 과정에서 배울 수 있어야 한다. 학생들이 졸업 후 산업현장에서 조직의 목표 달성을 위해서 협동적으로 일하는 방법을 배워야 하고, 이를 수업에서 학습할 수 있도록 하는 것이 필요하다.

기존의 교수 · 학습 전략과 협동학습 수업의 교수 · 학습 전략은 다음과 같은 차이가 있으므로 이를 고려하여 교수 · 학습 전략을 수립해야 한다.

① 교수 · 학습목표 기술 방식이다. 기존 교수 · 학습은 지식적(결과적) 목표만을 중시하는데, 협동학습에서는 과정적 목표(사회적 기술 목표)를 추가하는 것이 필요하다. 예컨대, 상대방의 이야기를 경청하고 협력하여 제한 시간에 학습과제를 완성하기 등이다.

② 협동학습 기본 원리에 대한 적용 방식이다. 대개 긍정적 상호작용과 면대면 증진적 상호작용은 거의 동시에 일어나므로 구분하지 않고 하나로 합쳐서 제시한다. 즉, 긍정적 상호작용, 개별적인 책임, 면대면 증진적 상호작용 등의 항목을 만들어 각 항목에 맞는 교수 · 학습 활동이 구체적으로 무엇인지 서술하도록 한다.

③ 교수 · 학습 방법에 대한 간단한 제시이다. 기존 교수 · 학습은 주로 내용에 초점을 두어 교수 · 학습 과정안이 기술되는 경우가 많은데, 여기에는 학

습구조 측면의 방법에 대한 항목을 추가하여 수업의 흐름을 쉽게 이해할 수 있도록 한다.

④ 협동학습의 요소를 반영한 평가 방안이다. 협동학습으로 수업을 했으면 협동학습 방식으로 평가해야 한다. 교수·학습 설계 시 어떻게 협동학습 방식으로 평가할 것인지 구체적으로 기술되어야 한다. 예를 들면, 문제해결 수업 모형이나 상호 질문하고 답하기 수업 모형으로 수업을 진행했다면 모둠 내에서 긍정적 상호작용이 일어나는가, 수업에 임하는 절차가 제대로 이루어지는가 그리고 모둠원 간에 역할과 협력이 제대로 이루어지는가에 대한 수행평가 채점 기준표(루브릭)를 함께 제시할 수 있어야 한다.

나. 고려 사항

실무과목 수업에서 협동학습을 적용하여 교수·학습을 운영할 때의 고려 사항은 다음과 같다.[13)]

① 협동학습은 학생 자신뿐만 아니라 다른 구성원의 성취에도 관심을 두고, 이를 위해서 목표를 구조화하여 긍정적 상호의존성을 갖도록 한다.
② 학습 집단의 모든 구성원의 성취에 근거하여 그 집단이 평가받기 때문에 모든 구성원이 주어진 과제를 해결해야 하는 개별적 책무성을 갖도록 한다.
③ 구성원의 능력이나 개인적 특성 측면에서 이질적으로 집단을 구성한다.
④ 모든 구성원이 집단 내에서 리더의 역할을 하는 책임을 공유하도록 한다.
⑤ 협동학습에서는 서로의 학습을 공유할 책임을 진다. 따라서 모든 구성원이 주어진 과제를 성취할 수 있도록 돕고 격려하는 분위기를 조성한다.
⑥ 학생들의 목표가 각 구성원의 학습을 극대화하고, 구성원 간에 좋은 관계를 유지하는 데 초점을 두도록 한다.
⑦ 교사는 학습 집단을 관찰하고 그들이 함께 공부할 때의 문제점을 분석하고 집단의 과제를 어떻게 하면 잘 다룰 것인지에 대한 피드백을 제공한다.

---

13) 이양락(2015). 협동학습을 통한 과학 교수-학습. 교육과학사. p. 18-20에서 요약 정리.

다. 협동학습의 교수·학습 설계

협동학습을 위한 교수·학습 절차는 다음과 같다.

▲ 그림 7 협동학습을 위한 교수·학습 절차

출처: 교육부(2016). NCS 기반 교육과정 편성·운영 안내서. p. 148 재구성.

수업에 적용할 협동학습 모형을 선정할 때는 다음과 같은 유의사항을 고려하여 선정해야 한다.

① 학습자 상호 간의 유기적 관계를 유지하면서 협동을 통한 학습목표를 효과적으로 달성할 수 있는 모형을 선정한다.
② 전체 학습 집단 내에 모둠을 조직하고, 모둠 구성원 간, 모둠 간에 협력이 이루어질 수 있는 모형을 선정한다.
③ 협동을 통하여 학생들 간에 긍정적 상호의존, 사회적 기술 발달, 학습 흥미 유발, 학습의 효과성 등을 증대시킬 수 있도록 한다.
④ 학습내용 및 학습목표에 따른 협동학습의 모형은 다음과 같다.

▌표 2 학습내용 및 학습목표에 따른 협동학습의 모형

학습내용 및 학습목표	협동학습 모형
과제 중심	• 직소(Jigsaw) 모형(Ⅰ, Ⅱ) • 집단 탐구 모형(GI) • 자율적 협동학습(Co-op, Co-op)
보상 중심	• 팀 성취 분담학습(STAD) • 모둠 게임 토너먼트(TGT)
교과 중심	• 팀 보조 개별학습(TAI) • 일화를 활용한 의사결정 모형(DME)
구조 중심	• 암기 숙달 구조 • 사고력 신장 구조 • 정보 교환 구조 • 의사소통 기술 구조
기타	• 함께 학습하기 모형(LT) • 찬반 논쟁 모형(Pro-con) • 짝 점검 모형

출처: 교육부(2016). NCS 기반 교육과정 편성·운영 안내서. p. 149.

라. 수업 설계

1) 학습내용 분석 및 교수·학습 방법 선정

수업 설계는 학습자의 특성과 학습내용을 분석하여, 이에 적합한 교수·학습 방법을 선정하는 과정이다. 수업 설계를 위해 학습내용을 분석하여 학습목표(성취기준)를 설정하고, 이를 효과적으로 달성하기 위한 방안을 고려하여 수업 설계서를 작성해야 한다.

수업 설계서 단위는 교수·학습 분량이나 시수 배정 측면에서 NCS 학습모듈의 내용영역요소(능력단위요소) 단위로 작성하는 것이 적절하다. 수업 설계서를 작성하기 위해 NCS 학습모듈의 내용영역요소(능력단위요소)를 상세하게 분석해야 한다.

다음의 표는 NCS 학습모듈의 내용영역요소(능력단위요소)를 대상으로 학습내용 분석과 이를 토대로 교수·학습 방법을 선정하기 위한 양식이다.

▌표 3 학습내용 분석 및 교수·학습 방법 선정 양식 예시

내용영역요소	학습내용	세부 내용	교수·학습 방법
학습1	1-1. 학습내용		
	1-2. 학습내용		
학습2	2-1. 학습내용		
	2-2. 학습내용		
	2-3. 학습내용		
학습3	3-1. 학습내용		
	3-2. 학습내용		
	3-3. 학습내용		

2) 협동학습의 준비 및 활동 절차

하나의 NCS 학습모듈의 내용영역요소(능력단위요소) 내에서도 다양한 교수·학습 방법을 적용할 필요가 있다. 위에서 제시한 바와 같이, NCS 학습모듈의 내용영역요소와 학습내용 분석 결과를 바탕으로 적용할 교수·학습 방법 중에서 협동학습으로 적용할 부분을 선정하고, 이에 대한 준비 및 활동 절차를 정리한다.

예를 들면, NCS 학습모듈의 내용영역요소(능력단위요소)를 분석하여 협동학습 모형 중에서 직소 Ⅱ(Jigsaw Ⅱ) 모형을 적용하는 경우의 준비 및 활동 절차를 제시하면 다음과 같다.

▌표 4 직소Ⅱ의 준비 및 활동 절차

단계	항목	활동 내용
준비	자료 준비	계획된 시간에 해당하는 학습 자료, 교재 내용에 해당하는 전문가용 자료 등
	활동 방법 안내	중심 주제, 평가 도구, 퀴즈, 토의 개요 설명
	학습 집단 구성	이질집단으로 4~5명으로 구성

단계	항목	활동 내용
	전문가 집단 구성	각 전문가 집단에 고 성취자, 중간 성취자, 저 성취자가 고루 포함되도록 구성
	기준 점수 결정	이전 퀴즈의 평균 점수 또는 이전 학기나 학년의 성적으로 결정
활동 절차	자료/정보 파악	자료 또는 제공된 정보 읽기, 주제에 대한 정보 읽기(0.5~1차시)
	전문가 집단 토의	전문가 집단별로 토의 리더 정하기, 동일 주제를 가진 학생들이 토의, 교사는 각 집단을 순회하면서 질문에 대한 답변 및 오해를 해결
	집단 보고	전문가가 자기 집단으로 돌아와 동료들에게 자기가 맡은 주제에 대해 가르침
	시험(퀴즈)	학생별로 시험지를 1부씩 부여하고 시험을 치른 후 동료와 교환하여 채점
	집단 인정점	개별 향상점수와 집단 점수 산출 및 성취에 대한 인정

출처: 이양락(2015). 협동학습을 통한 과학 교수-학습. 교육과학사. 47-54에서 요약 정리.

3) 수업 설계 및 평가 방법

수업에 협동학습 모형을 적용하기 위해서는 학습목표, 학습내용, 학습자 수준과 특성 등을 고려하여 수업에 적합한 모형을 선정해야 한다. 또한, 적용할 협동학습 모형에 맞는 수업 설계서를 작성해야 한다.

수업 설계서는 학교 상황과 교과목에 따라 적절한 양식을 이용하면 되지만, 대체로 NCS 실무과목과 관련된 NCS 분류 체계, 내용영역, 내용영역요소, 이수 시간, 학습모듈의 목표, 관련 직업기초능력, 핵심 용어, 재료·자료 및 기기 등 준비물, 학습내용, 교사의 역할, 학생의 역할 등의 내용을 포함하여야 한다.

다음의 표에 실무과목의 수업 설계서 양식을 제시하였다.

■ 표 5 수업 설계서 양식

수업 설계서(예시)

실무과목: ○○○○○○

대분류	중분류	소분류	세분류	내용영역	내용영역 요소	이수시간/ 능력 단위이수 시간

학습모듈의 목표	
직업기초능력	
핵심 용어	
교수 · 학습 방법	

준비물	재료 · 자료	
	기기	

학습	내용영역요소		
	학습목표		
	구분	교수 활동	학습 활동
	동기 유발 목표 제시		
	준비		
	활동		
	정리		
평가 방법			

출처: 교육부(2016). NCS 기반 교육과정 편성 · 운영 안내서. p. 171.

4) 평가 계획

일반적으로 협동학습을 적용한 수업 모형에서의 평가는 학습의 결과와 과정을 모두 평가한다. 학습 결과는 학습목표에 도달한 정도를 평가하고, 학습 과정은 수행 과정을 평가한다.

① 평가 방법의 선정

평가는 크게 지필평가와 수행평가로 구분할 수 있다. 협동학습에서의 평가는 학습내용에 따라 달라지지만, 대부분 수행평가에 해당한다. 협동학습의 원리를 적용하고 장점을 극대화하여 학습목표를 달성하기 위해서는 학습 집단 구성원 간의 긍정적 상호의존을 통한 상호작용을 활발하게 하고, 의사소통 등 사회적 기술의 증진을 통한 교과 지식을 습득해야 한다. 즉, 구성원들 간의 상호학습이 이루어지도록 해야 한다. 아울러, 학습목표의 달성 정도를 측정하기 위해서는 학습내용에 대한 시험(퀴즈), 평가자 체크리스트, 피평가자 체크리스트, 보고서 평가, 발표 평가 등의 방법을 적용할 수 있다.

② 평가 방법에 따른 평가의 주체

협동학습에서는 평가 방법에 따라 평가의 주체가 다양하게 설정될 수 있다.
- 우선, 시험(퀴즈)은 교사 또는 학습 집단이 공동으로 문제를 개발(출제) 하되, 평가는 개별적으로 실시할 수 있다.
- 체크리스트 평가 방법은 평가자(교사 또는 학습자)에 따라 다르게 활용할 수 있다. 교사의 경우, 교사가 협동학습 과정을 평가할 수 있고, 이는 개별에 대한 평가와 집단에 대한 평가를 병행하여 실시할 수 있다. 학습자 (피평가자) 경우, 학습 집단 내에서 체크리스트를 활용하여 평가하거나, 학습 집단 간에 체크리스트를 활용하여 평가를 할 수 있다.
- 보고서 평가와 발표 평가 방법은 학습 집단 단위로 평가하는 것으로 교사 평가와 학습자 평가(동료 평가)를 병행하여 적용할 수 있다.

③ 집단 간 동료 평가

- 학생들은 다른 집단을 평가할 수 있도록 교사가 평가표를 준비하여 학생

들에게 배포한다.

- 다른 집단 평가는 객관성을 높이고, 학생의 평가 과정을 통해 평가 능력을 배양해 주는 의미도 있다.
- 평가 결과의 좋은 점, 우수한 점은 학급 전체가 공유하는 기회를 갖는다.
- 교사는 평가 방법 및 평가 항목에 대해 상세히 설명하고 평가의 객관성과 신뢰도를 높일 수 있도록 해야 한다.

④ 집단 내 동료 평가

- 학생들의 집단 내 동료 평가의 평가 지표는 학습 과정을 같이 한 집단 내 동료에 대해 잘한 점과 개선할 점을 기술하는 정성 평가와 계량화할 수 있는 정량 평가 항목으로 구성한다.
- 교사는 평가 과정을 통하여 동료가 자신에 대해 평가한 것에 대해서 긍정적으로 수용하는 자세를 바로 가질 수 있도록 사전에 지도해 주어야 한다.
- 교사는 동료에 대한 정확한 평가를 통해 서로가 발전하는 좋은 기회가 될 수 있음을 인지하도록 지도한다.

⑤ 평가 총괄 및 수행평가표 양식

협동학습을 적용한 실무과목 수업에서 평가 총괄 양식과 수행평가표 양식을 제시하면 다음과 같다.

┃표 6 평가 총괄 양식(예시)

구분	지필평가 (00%)	수행평가(00%)			총점
영역					
방법					
능력단위/ 능력단위요소					
배점					
반영비율(%)					
평가 내용					
평가 시기					

┃표 7 수행평가표 양식(예시)

평가 영역	수행 1			
내용영역	전자부품 자재관리			
내용영역요소	자재 입고 관리하기			
평가 방법	체크리스트			
학습목표	발주서의 자재입고계획에 따라 자재가 요구된 일자에 입고되었는지 여부를 파악할 수 있다.			
수행평가 내용	평가 요소	우수	보통	미흡
	자기의 역할을 수행할 수 있음	10	7	4
	모둠 내에서 다른 모둠원과 원활하게 협조함	10	7	4
	전문가 집단에서 분담한 내용을 적절하게 토의/학습함	10	7	4
	원래 모둠으로 돌아와 학습내용을 모둠원에게 전달함	10	7	4
	합 계	/40		

4. 협동학습의 NCS 교수·학습의 실제

NCS 기반 교육과정의 실무과목 중에서 '전자부품생산' 과목을 대상으로 협동학습을 교수·학습 방법으로 수업에 적용한 사례를 제시하면 다음과 같다.

가. 교육과정 분석

1) 학습내용 분석 및 교수·학습 방법 선정

전자부품생산 실무과목의 전자부품 자재관리 내용영역에 대해 <표 8>과 같이 학습내용을 분석하고 이에 적합한 교수·학습 방법을 제시하였다.

본 내용에서는 자재입고 관리하기 내용영역요소 1개를 협동학습의 교수·학습 방법으로 적용한 사례를 제시하며, 구체적인 내용은 다음과 같다.

┃표 8 학습내용 분석 및 교수·학습 방법 선정 사례

내용영역요소	학습내용	상세 내용	교수·학습 방법
1. 자재 입고 관리하기	1-1. 자재 입고 계획 검사	• 자재관리의 개념 • 자재의 분류 • 자재 입고의 절차와 단계 • 발주서의 내용	강의법 협동학습
	1-2. 입고 품질관리	• 자재 검사의 종류 • 자재 검사 계획	일제수업 보고서 작성 및 발표

내용영역요소	학습내용	상세 내용	교수·학습 방법
2. 자재 출고 관리하기	2-1. 재고 확인 절차 수립	• 자재 소요 계획의 본 구성 • 단위 화물	강의법 실험실습법
	2-2. 자재 이동	• 자재 운반의 정의 • 자재 운반 원칙 • 자재 운반 장비	협동학습 실험실습법
	2-3. 재고 관리 대장 작성	• 재고 관리 • 적정재고관리를 위한 풀 시스템	보고서 작성 및 발표
3. 자재 보관 관리하기	3-1. 자재 중요도 파악	• 3정 5S • 자재의 중요도 결정 • 필요품과 불요품의 구분과 보관 기준	실험실습법
	3-2. 자재 보관 방식 결정	• 재고 보관 방식 • ABC 재고 관리 원칙 • 다중 ABC 분석 기준 및 절차 • 자재 이동	강의법 실험실습법
	3-3. 자재 보관 환경 파악	• 보관 환경 계획 • 자재 배치 • 재고 관리 활동 관련	보고서 작성 및 발표 실험실습법
	3-4. 부적합품 관리	• 불량재고, 불용재고 시정조치 • 불량재고, 불용재고 예방조치	실험실습법

출처: 국가교육과정정보센터(ncic.go.kr) 2015 개정 교육과정 전기전자 교과 교육과정에서 발췌.

2) 선수학습내용 확인

내용영역 전자부품 자재관리의 내용영역요소인 자재 입고 관리하기를 학습하기 위한 선수학습내용은 작업지시서 관리하기, 전자부품 생산하기가 있다. 선수학습내용의 요지를 다음과 같이 상기시킨다.

가) 작업지시서 관리하기

작업지시서는 생산 현장에서 단위공정별로 작업을 위해 필요한 절차와 방법 내용을 작업자가 이해하기 쉽도록, 사진, 그림, 도표 등을 활용하여 설명한 기술

자료를 말한다. 아울러 작업지시서는 생산만이 아니라 품질, 보전 등 각 분야에서 사용하는 문서로서 구체적인 작업 방법이나 작업조건 등을 담고 있어 생산 현장에서 하나의 작업요령서로 활용되고 있다. 작업지시서에 따라 실제 생산에 적용해보고 작업지시서 내용의 오류를 파악하여 수정하는 과정까지를 포함한다.

나) 전자부품 생산하기

전자부품 생산은 자동화 프로그램을 이용하는 경우가 대부분이기 때문에 유관부서로부터 도면, 부품 목록 등을 입수하여 자동화 공정 프로그램을 설치하고, 설치된 프로그램에 따라 자동 삽입 공정에 전자부품 소자를 투입하여 반제품을 생산한다. 생산된 반제품을 양산라인으로 이송하고, 작업지시서에 따라 수동부품을 삽입하여 전자부품을 생산하고, 생산된 전자부품에 대하여 검사 장비를 활용하여 양·불량품을 판별하는 것을 포함한다.

3) 핵심 용어 설명

자재 입고 관리하기 내용영역요소의 핵심 용어에는 자재 입고, 자재 품질관리가 있다. 수업에 들어가기 전에 핵심 용어를 간단하게 설명한다.

가) 자재 입고

발주서의 자재입고계획에 따라 자재가 요구된 일자에 요구된 수량만큼 반입되는 것을 말한다.

나) 자재 품질관리

자재입고계획에 따라 입고된 자재와 발주서를 비교 점검하고, 수입검사를 통해 수량, 품질 검사를 하며, 자재의 품목, 규격, 수량, 입고 일자 등을 관리하는 것을 말한다.

4) 학습내용 선정

전자부품 생산을 위한 자재의 종류는 매우 다양하고 그 용도가 각각 다르기 때문에 이를 효과적으로 학습하기 위해서는 협동학습의 교수·학습 모형 중 과제 중심의 직소 Ⅱ(Jigsaw Ⅱ) 모형에 구조 중심의 암기 숙달 구조를 적용하는 것이 좋을 것으로 판단된다.

또한, 제시된 과제를 학습 집단에서 수행하고 그 결과를 보고서로 작성하여 발표함으로써 학습 집단 간의 학습이 이루어지도록 하는 것이 좋다. 이를 고려하여 협동학습에서는 <표 8>의 학습내용 분석 및 교수·학습 방법 선정 사례의 1-1. 자재 입고 계획 검사의 상세 내용을 학습 주제로 선정한다.

나. 수업 설계

전자부품생산 실무과목을 구성하는 학습모듈 내용을 검토한 결과, 협동학습에 적합한 내용으로 전자부품 자재관리 내용영역의 자재입고 관리하기 내용영역요소를 선정하였다. 전자부품 자재관리 내용영역의 총 이수 시간 34시간 중 자재입고 관리하기의 이수 시간은 8시간으로 설계하였다.

1) 수업 설계서 작성

협동학습의 여러 가지 모형 중 직소 Ⅱ(Jigsaw Ⅱ) 모형을 적용한 수업 설계서 예시는 다음과 같다.

표 9 수업 설계서 예시

실무과목: 전자부품생산						
대분류	중분류	소분류	세분류	내용영역	내용영역요소	이수시간/능력단위 이수시간
전기 · 전자	전자기기 일반	전자부품 기획 · 생산	전자부품생산	전자부품 자재관리	자재입고 관리하기	8/34

학습모듈의 목표	자재입고계획에 따라 자재가 요구된 일자에 입고되었는지 파악하고 입고된 자재의 이동, 품질 및 수량 관리를 하며 자재의 출고를 관리하기 위하여 발주서, 부품규격서, 견적서를 작성하고 활용할 수 있다.
직업기초능력	의사소통능력, 문제해결능력, 자원관리능력, 수리능력, 정보능력
핵심 용어	자재 입고, 자재 품질관리
교수 · 학습 방법	강의법, 협동학습(직소 II 모형)
준비물 재료 · 자료	발주서, 검수 규정집, 검사 조사표, 샘플링 검사표
준비물 기기	컴퓨터, 프린터, 계산기, 저울, 철자, 검사 장비

내용영역요소	자재 입고 관리하기
학습목표	• 발주서의 자재입고계획에 따라 자재가 요구된 일자에 입고되었는지 여부를 파악할 수 있다. • 입고된 자재와 발주서를 비교하여, 수입검사를 통해 수량, 품질 검사를 실시할 수 있다. • 자재입고계획에 따라 자재의 품목, 규격, 수량, 입고 일자 등을 관리할 수 있다.

	구분	교수 활동	학습 활동
학습	동기유발 목표제시	• 자재관리의 개념과 기능을 현장의 사진과 동영상 등을 보여 주면서 학습 동기 유발 • 전자부품 생산활동에 대한 전시 학습 복습을 통해 자재 입고 관리의 필요성 설명 • 학습목표를 제시 • 핵심 용어 설명	• 자재관리의 개념과 기능을 숙지 • 자재 입고 관리의 필요성을 인식하고 전자부품 생산활동과 연관시켜 답하기 • 학습목표와 핵심 용어에 대한 설명 듣고 숙지하기
학습	준비	• 준비한 자료 안내 • 활동 방법 안내: 학습 주제, 평가 방법, 토의 개요, 발표 자료 작성 방법 등 • 학습 집단(4명) 및 전문가 집단 구성 • 기준 점수 결정	• 자료 안내에 대한 설명 듣기 • 활동 방법 안내 설명 듣기 • 교사의 안내에 따라 집단 구성

활동	• 자재관리 개념, 자재 분류, 자재입고 계획, 발주서 내용 자료를 제공하고 읽기를 통하여 자료 파악하도록 함 • 전문가 집단 토의 실시 및 교사는 순회하면서 각 집단의 질문에 대한 답변 및 활동을 촉진 • 전문가가 학습 집단으로 돌아와 보고하도록 함 • 시험(퀴즈) 실시 학생별로 시험지 배부하고, 시험 치른 후 동료와 교환하여 채점 • 학습 수행 결과를 모둠별로 발표	• 제공된 자료를 받아 분담을 정하고 자료 읽기를 통해 내용 파악 • 집단 토의 참여 • 자기 집단의 동료들에게 맡은 주제에 대해 설명하기 • 시험 응시 및 채점 • 학습 수행 결과 발표하기
정리	• 집단 인정점 부여 개별평가, 모둠별 평가 결과 반영 • 학습내용 요약정리 및 평가 결과 피드백	• 학습 수행 과정에 대한 수행평가 • 학습내용 요약정리 및 피드백 받기
평가 방법	시험(퀴즈), 체크리스트, 보고서 작성 및 발표	

2) 수업 흐름도

본 학습은 협동학습에서 개인별, 그룹별 직소 Ⅱ(Jigsaw Ⅱ) 모형 적용을 통해 학습 흐름을 구상하였으며, 그 진행 과정은 다음과 같다.

▲ 그림 8 수업 흐름도

3) 학습 집단 구성

학습 집단은 학습자의 능력 수준에 따라 A←B←C←D(A학생이 모둠 중 학습 능력이 가장 높은 학생)로 구성하여 집단 내에 학습 능력이 높은 학생에서 낮은 학생까지 골고루 배치하여 이질적 집단으로 구성한다. 이때 주의할 사항은 학생이 성적으로 인해 위화감이 들지 않도록 해야 한다. 조직된 모둠의 자리는 다음 그림과 같이 배치하도록 한다. 이때 A학생은 C학생과, B학생은 D학생과 파트너가 되어 마주 보도록 한다. 또래 가르치기의 학습 효과가 A와 D의 조합보다는 A와 C의 조합이 좋다.

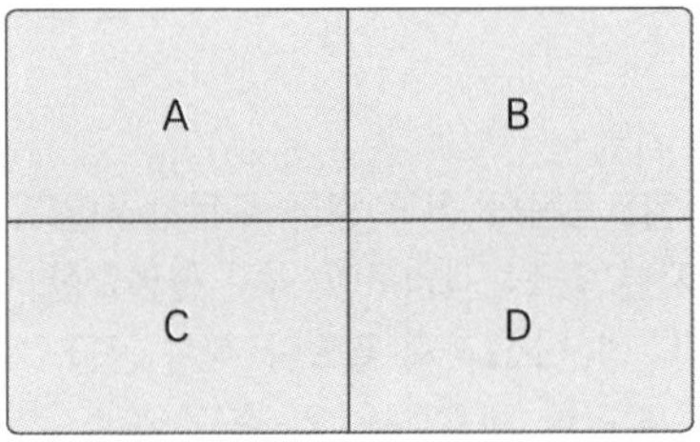

▲ 그림 9 이질적 집단의 자리배치도

4) 학습지 배부 및 수업 운영

학습내용의 난이도가 높은 수준에서 낮은 수준으로 4개의 학습지를 교사가 준비하여 학습 집단 구성원의 수준(A집단에 가장 수준 높은 학습지)에 따라 나누어 준다.

협동학습(직소 II) 학습지

학습지(1) 자재의 개념과 자재의 분류 - A 집단용

1. 자재의 개념

   자재는 생산의 3요소(3M: Man, Machine, Material)인 자재(Material) 중 하나로 최종 생산물(Outputs)인 제품으로 변형된다. 자재는 원자재, 부분품, 소모품, 공구, 저장품, 공정품, 반제품, 상품, 제품 등 회계학상 재고자산을 모두 망라한다.

2. 자재관리의 개념

   자재관리(Material Control)란 적량 올바른 품질의 자재를 생산지로 구입 또는 획득하여 이를 필요로 하는 부서에 적기에 조달토록 하는 기능을 말한다.

   가. 자재관리의 경제적 기능
   - (1) 입고손실방지: 입고품목의 질과 양을 주문서 사양과 확인
   - (2) 재고자산 투하자본 감소: 과잉구매 방지 불필요한 재고품목 감소
   - (3) 공정 지연 방지: 생산소요자재 필요량 적시 공급
   - (4) 사내요구 즉응: 부단한 재고검사, 입·출고 업무, 기록의 정비
   - (5) 창고효율 증대: 도난, 파손, 소화 방지, 적재방식 통제

   나. 자재관리의 구체적인 업무
   기업의 생산계획 달성에 필요한 자재관리와 구매요구, 하역 및 재료 검사, 창고품의 입·출고 관리, 창고품의 입·출고 기록, 스크랩의 회수와 불량품의 처치, 자재의 단순화, 표준화에 해당하는 분야를 관리하는 것이다.

3. 자재의 분류

   자재는 관리목적, 사용목적, 물적 특성에 따라 분류하며 관리목적에 따른 분류가 가장 범용으로 사용되고 있다. 관리목적에 따른 자재는 재료, 재공품, 제품, 상품으로 세분화된다. 재료(Material)는 생산재로 제품을 구성하는 물질로 원료와 구별되는 경우도 있으나 보통 모두 포함하여 원재료라 부른다.

   가. 재료
   - (1) 원료와 재료
     가공되어 제품화되는 것이다.
   - (2) 소재와 부품
     소재는 가공 전의 재료이며 부품은 제품의 구성 부분을 이르는 것이다. 소재나

부품은 넓은 의미에서 모두 재료이다.

    (3) 재료와 부품

        제조의 기술적 단계가 상이함에 따라서 재료로 되는 경우와 제품으로 되는 경우가 있다.

    (4) 재료와 소비자재, 설비용 자재

        소비자재는 직접적으로 제품의 실체가 되지 않고 제조 또는 그 처리에 부수하여 필요한 재료이며 설비용 자재는 포괄적으로 MRO(Maintenance, Repair and Operations: 유지, 보수, 운전) 자재라고도 불린다.

나. 재공품

    재공품(Work In Process)은 가공 중의 자재로 매우 중요하며 직접 자재관리의 대상은 되지 않지만 제조부 내에서 실시하는 공정관리의 대상이 된다.

다. 제품, 상품

    제조공장에서 완성된 물품을 제품 또는 상품이라 한다.

학습지(2) 자재의 개념과 자재의 분류 - B 집단용

1. 자재의 개념

자재는 생산의 3요소(3M: Man, Machine, Material)인 자재(Material) 중 하나로 최종 생산물(Outputs)인 제품으로 변형된다. 자재는 원자재, 부분품, 소모품, 공구, 저장품, 공정품, 반제품, 상품, 제품 등 회계학상 재고자산을 모두 망라한다.

2. 자재관리의 개념

자재관리(Material Control)란 적량 올바른 품질의 자재를 생산지로 구입 또는 획득하여 이를 필요로 하는 부서에 적기에 조달토록 하는 기능을 말한다.

가. 자재관리의 경제적 기능

    자재관리의 경제적 기능에는 입고손실방지, 재고자산 투하자본 감소, 공정 지연 방지, 사내요구 즉응, 창고효율 증대가 있다.

나. 자재관리의 구체적인 업무

    기업의 생산계획 달성에 필요한 자재관리와 구매요구, 하역 및 재료 검사, 창고품의 입·출고 관리, 창고품의 입·출고 기록, 스크랩의 회수와 불량품의 처치, 자재의 단순화, 표준화에 해당하는 분야를 관리하는 것이다.

3. 자재의 분류

자재는 관리목적, 사용목적, 물적 특성에 따라 분류하며 관리목적에 따른 분류가 가장 범용으로 사용되고 있다. 관리목적에 따른 자재는 재료, 재공품, 제품, 상품으로 세분화된다.

가. 재료
  (1) 원료와 재료
      가공되어 제품화되는 것이다.
  (2) 소재와 부품
      소재는 가공 전의 재료이며 부품은 제품의 구성 부분을 이르는 것이다. 소재나 부품은 넓은 의미에서 모두 재료이다.
  (3) 재료와 부품
      제조의 기술적 단계가 상이함에 따라서 재료로 되는 경우와 제품으로 되는 경우가 있다.
  (4) 재료와 소비자재, 설비용 자재
      소비자재는 직접적으로 제품의 실체가 되지 않고 제조 또는 그 처리에 부수하여 필요한 재료이다.

나. 재공품
   재공품(Work In Process)은 가공 중의 자재로 매우 중요하며 직접 자재관리의 대상은 되지 않지만 제조부 내에서 실시하는 공정관리의 대상이 된다.

다. 제품, 상품
   제조공장에서 완성된 물품을 제품 또는 상품이라 한다.

학습지(3) 자재의 개념과 자재의 분류 – C 집단용

1. 자재의 개념

자재는 생산의 3요소(3M: Man, Machine, Material)인 자재(Material) 중 하나이다. 자재는 원자재, 부분품, 소모품, 공구, 저장품, 공정품, 반제품, 상품, 제품 등 회계학상 재고자산을 모두 포함한다.

2. 자재관리의 개념

자재관리란 적량 올바른 품질의 자재를 생산지로 구입 또는 획득하여 이를 필요로 하는 부서에 적기에 조달토록 하는 것을 말한다.

가. 자재관리의 구체적인 업무
   자재관리의 업무를 요약하면 구매요구, 하역 및 재료 검사, 창고품의 입·출고 관리,

창고품의 입·출고 기록, 스크랩의 회수와 불량품의 처치, 자재의 단순화, 표준화에 해당하는 분야를 관리하는 것이다.

3. 자재의 분류

자재는 관리목적, 사용목적, 물적 특성에 따라 분류한다. 가장 많이 사용하는 분류 방식은 관리목적에 따른 분류이다. 관리목적에 따른 자재는 재료, 재공품, 제품, 상품으로 세분화된다.

가. 재료
  (1) 원료와 재료
      가공되어 제품화되는 것이다.
  (2) 소재와 부품
      소재는 가공 전의 재료이며 부품은 제품의 구성 부분을 이르는 것이다.
  (3) 재료와 부품
      제조의 단계에 따라 재료로 되는 경우와 제품으로 되는 경우가 있다.
  (4) 재료와 소비자재, 설비용 자재
      소비자재는 직접적으로 제품의 실체가 되지 않고 제조 또는 그 처리에 부수하여 필요한 재료이다.

나. 재공품
  재공품(Work In Process)은 가공 중의 자재를 말한다.

다. 제품, 상품
  제조공장에서 완성된 물품을 제품 또는 상품이라 한다.

학습지(4) 자재의 개념과 자재의 분류 - D 집단용

1. 자재의 개념

자재는 생산의 3요소(사람, 기계, 자재) 중 하나이다. 자재는 원자재, 부분품, 소모품, 공구, 저장품, 공정품, 반제품, 상품, 제품 등 회계학상 재고자산을 모두 포함한다.

2. 자재관리의 개념

자재관리란 적량 올바른 품질의 자재를 생산지로 구입 또는 획득하여 이를 필요로 하는 부서에 적기에 조달토록 하는 것을 말한다.

가. 자재관리의 구체적인 업무
  자재관리의 업무는 구매요구, 하역 및 재료 검사, 창고품의 입·출고 관리, 창고품의 입·출고 기록, 스크랩의 회수와 불량품의 처치, 자재의 단순화, 표준화에 해당하는 분야를 관리하는 것이다.

3. 자재의 분류

자재는 여러 방식으로 분류할 수 있지만 가장 많이 사용하는 분류 방식은 관리목적에 따른 분류이다. 관리목적에 따른 자재는 재료, 재공품, 제품, 상품으로 세분화된다.

가. 재료
   (1) 원료와 재료
       가공되어 제품화되는 것이다.
   (2) 소재와 부품
       소재는 가공 전의 재료이며 부품은 제품의 구성 부분을 이르는 것이다.
   (3) 재료와 부품
       제조의 단계에 따라 재료로 되는 경우와 제품으로 되는 경우가 있다.
   (4) 재료와 소비자재, 설비용 자재
       소비자재는 제조 또는 그 처리에 부수하여 필요한 재료이다.

나. 재공품

다. 제품, 상품

① 20분 동안 학습지를 이용하여 학습하도록 한다. 이때 학습지 내용과 관련된 정보를 교과서 또는 인터넷 등 다양한 매체와 자료를 활용하여 스스로 학습하도록 한다.

② 학습이 끝나면 각 모둠의 A 주제를 담당한 학생을 교실의 한쪽에 모이게 한다. 이러한 방법으로 각 모둠의 B, C, D 주제를 담당한 학생을 교실의 서로 다른 지역에 모이게 한다.

③ 같은 주제의 학습지를 갖게 된 학생들끼리 모여 전문가 집단 활동을 10분간 운영하여 또래 가르치기 학습을 하도록 한다.

④ 학습 종료 후 교사는 질문을 받고 문제를 해결해 주는데, 가능한 질문의 답을 다른 모둠 또는 다른 학생이 해결해 줄 수 있도록 유도한다.

⑤ 활동이 종료되면 다시 원래의 모둠으로 돌아간 후 원래 모둠 내에서 D부터 모둠 구성원에게 자기가 학습한 것을 설명하거나 가르쳐 주도록 한다.

이렇게 C~A까지 학습이 종료되면 교사는 질문을 받고 문제를 해결해 준다. 이때에도 가능한 다른 모둠과 학생이 해결할 수 있도록 유도한다. 이후 교사는 형성평가를 통해 학습목표의 도달 정도를 확인하고 피드백을 제공한다.

5) 평가 계획

평가는 다양한 형태의 수행평가와 지필평가를 실시할 수 있으나, 여기에서는 수업목표 도달 여부를 측정하기 위하여 수행평가를 예시로 제시한다.

가) 평가 총괄[14]

▌표 10 평가 총괄 예시

구분	지필평가 (20%)	수행평가(80%)			총점
영역	지필	1			
방법	선택, 서술형	시험(퀴즈)	체크리스트	보고서 작성 및 발표	
능력단위/ 능력단위요소	전 영역	전자부품 자재관리 / 자재 입고 관리하기			
배점	100	40	40	20	100
반영비율(%)	20	32	32	16	
평가 내용	능력단위	자재의 분류 자재의 정의 자재의 예시	학습 수행 시 역할 수행 정도	보고서 내용 보고서 발표	
평가 시기	2회 지필고사	7월			

---

14) 교육부(2016). NCS 기반 교육과정 편성·운영 안내서. 172.

나) 수행평가 계획

█ 표 11 수행평가표 1

수행 평가표(예시)			
평가 영역	수행평가 1		
내용영역	전자부품 자재관리		
내용영역요소	자재 입고 관리하기		
평가 방법	시험(퀴즈)		
학습목표	• 자재를 관리 목적에 따라 분류하고 그 정의를 말할 수 있다.		
수행평가 내용	평가 요소	우수 (10점)	보통 (7점)	미흡 (4점)
	자재를 ① 재료 ② 재공품 ③ 제품 ④ 상품으로 제시할 수 있음	4가지 모두 제시	3가지 제시	2가지 제시
	재료를 ① 원료 ② 소재 ③ 부품 ④ 소비자재 ⑤ 설비용 자재로 분류할 수 있음	5가지 모두 분류	3가지 분류	1가지 분류
	자재의 분류별 정의를 맞게 제시할 수 있음	4가지 정의 제시	3가지 정의 제시	2가지 정의 제시
	재료의 분류별 정의를 맞게 제시할 수 있음	5가지 예시 제시	3가지 예시 제시	1가지 예시 제시
	합 계	/40		

평가 영역	수행평가 2			
내용영역	전자부품 자재관리			
내용영역요소	자재 입고 관리하기			
평가 방법	체크리스트			
학습목표	• 자재를 관리 목적에 따라 분류하고 그 정의를 말할 수 있다. • 모둠 내에서 자기 역할을 수행하고 원활한 협조를 할 수 있다.			
수행평가 내용	평가 요소	우수	보통	미흡
	자기의 역할을 수행할 수 있음	10	7	4
	모둠 내에서 다른 모둠원과 원활하게 협조함	10	7	4
	전문가 집단에서 분담한 내용을 적절하게 토의/학습함	10	7	4
	원래 모둠으로 돌아와 학습내용을 모둠원에게 전달함	10	7	4
	합 계	/40		

┃표 13 수행평가표 3

평가 영역	수행평가 3			
내용영역	전자부품 자재관리			
내용영역요소	자재 입고 관리하기			
평가 방법	보고서 작성 및 발표			
학습목표	• 자재를 관리 목적에 따라 분류하고 그 정의를 말할 수 있다. • 학습내용을 발표를 통해 적절하게 전달할 수 있다.			
수행평가 내용	평가 요소	우수	보통	미흡
	발표 자료 내용의 충실도	10	7	4
	발표 태도(목소리의 크기, 제스처 등)	5	3	1
	학습한 내용을 잘 전달하는 정도(듣는 학생의 반응 참고)	5	3	1
	합 계	/20		

IV

NCS 기반 토의 · 토론
학습 방법과 실제

1. 토의 · 토론 학습의 개요

가. 토의 · 토론의 개념

토의는 제기된 문제에 대해 다양한 의견을 개진하고 수렴하는 것을 의미하는 것이고, 토론은 제기된 문제에 대해서 찬성과 반대자가 각기 논리적인 근거를 발표하고 상대방의 논거가 부당하다는 것을 명백하게 하는 것을 의미한다.

토의와 토론의 목적에는 차이가 있다. 토의의 목적은 어떤 문제에 대해 서로 협력하고 생각의 폭을 넓히면서 문제를 해결하는 것이고, 토론의 목적은 찬반으로 대립하여 자신의 의견을 논리적으로 전개해 상대방을 설득하는 데 있다.

이러한 관점에서 토의는 어떤 주제에 대해서 여러 사람들이 정보와 의견을 교환하여, 그 주제에 대해서 학습하거나 문제를 해결하려는 말하기와 듣기 활동으로 정의할 수 있다.[1] 토의에는 필수적으로 5가지 요소를 포함하고 있으며, 구체적인 내용은 다음과 같다.[2]

① 주제가 있어야 한다.
② 여러 사람이어야 한다.
③ 정보와 의견은 교환되어야 한다.
④ 학습이나 문제해결 등의 목적이 있어야 한다.
⑤ 말하기와 듣기 과정이 있어야 한다.

---

1) 정문성(2004). 토의 · 토론 수업의 개념과 수업에의 적용모델에 관한 연구. 열린교육연구. 12 (1). 150.
2) 정문성(2016). 토의 · 토론 수업 방법 56. 교육과학사. 14 – 15.

토론은 어떤 주제에 대해 서로 다른 주장을 하는 사람들이 논증과 실증을 통해 규칙에 따라 자기주장을 정당화하여 다른 사람을 설득하려는 말하기와 듣기 활동으로 정의할 수 있다.[3] 토론에는 필수적으로 5가지 요소를 포함하고 있으며, 구체적인 내용은 다음과 같다.[4]

① 주제가 있어야 한다.
② 여러 사람이 참여하되, 주장이 달라야 한다.
③ 논증과 실증이 전개되어야 한다.
④ 토론 규칙이 있어야 한다.
⑤ 말하기와 듣기 과정이 있어야 한다.

따라서, 토의와 토론은 2명 이상이 주어지는 주제에 대해서 말하기와 듣기의 의사소통 과정을 거친다는 유사한 점이 있다. 하지만, 토의와 토론은 주제의 성격, 목적, 참석자, 상호작용, 규칙, 말하기와 듣기, 필요한 능력 등을 구분하여 비교해 보면 다음과 같은 차이가 있다.

▍표 1 토의와 토론의 차이

구분	토의	토론
주제의 성격	합의가 필요한 주제	선택이 필요한 주제
목적	최선의 결과 도출	대안의 우열을 가림
참석자	주장이 같아도 됨	주장이 달라야 함
상호작용	정보나 의견 교환	논증과 실증
규칙	규칙이 없거나 느슨함	엄격한 토론 규칙
말하기와 듣기	특별한 제한 없음	공평성을 위해 제안
필요한 능력	창의성	논리성

출처: 정문성(2016). 토의·토론 수업 방법. p. 16.

---

3) 정문성(2004). 토의·토론 수업의 개념과 수업에의 적용모델에 관한 연구. 열린교육연구. 12(1). 150.
4) 정문성(2016). 토의·토론 수업 방법 56. 교육과학사. 16–17.

정문성(2013)은 토의와 토론은 서로 다른 개념을 가지고 있지만, 현실적으로 분리되어 진행되는 경우가 드물다고 하였다. 토의하다 보면 토론이 병행되고, 토론하다 보면 토의가 병행된다는 것이다. 즉, 토의와 토론이 적용될 때, 토의와 토론을 엄격히 구분하여 적용하는 것은 어렵다는 것이다. 특히, 학교 현장에서 수업에 토의와 토론 방법을 적용할 때는 더욱 그렇다는 것을 강조하고 있다.

따라서 수업에 토의와 토론 방법을 적용할 때에는 토의와 토론을 엄격히 구분하기는 어렵다. 토의와 토론 방법은 수업목표를 달성하기 위해 수단으로 활용하는 것이기 때문에 이를 분리하여 적용할 필요는 없다. 즉, 수업의 목적에 따라 토의와 토론 방법을 병행하여 사용하는 것이 더 현실적이고 실용적이다. 이러한 관점에서 토의와 토론 방법을 수업에서 구분하기보다는 통합된 토의·토론 학습 방법을 적용한 수업 모형을 사용하는 것이 바람직하다.

나. 토의·토론 학습의 필요성 및 요소

1) 토의·토론 학습의 필요성

수업에 토의·토론 방법을 적용하려는 목적은 민주시민의 필수 조건, 고급 사고력의 향상, 도덕 발달과 태도의 변화, 수업 참여도 증가 등의 4가지로 정리할 수 있다.[5]

가) 민주시민(의사결정 과정)의 필수 조건이 된다.

주어진 문제를 해결하기 위해 여러 사람과 합의를 통해 하나를 결정하는 것이 민주시민의 전형적인 의사결정 과정이다. 이때 합의를 위해 필요한 것이 토의·토론이다. 여러 사람이 가진 정보와 의견, 가치와 위계 검토, 주장의 논증과 실증 등의 과정을 거쳐 최선의 결정을 하는 것이다. 학교에서부터 이러한 토의·토론 능력을 길러주어야 학생이 의사결정도 잘하고, 현명한 삶을 영위할 수 있을 것이다.

---

5) 정문성(2016). 토의·토론 수업 방법 56. 교육과학사. 23-33.

나) 고급 사고력이 향상된다.

토의·토론은 블룸(Bloom)의 인지적 영역 목표에 해당하는 6가지[6] 사고력 중에 적용, 분석, 종합, 평가에 해당하는 고급 사고를 사용하도록 종용받는다. 이는 토의·토론 상황에서는 상대방이 주장한 내용을 분석하고, 평가하고, 종합하고, 현실 상황에 적용해야 하기 때문이다. 아울러, 비판적 사고, 창의력, 논리력, 의사결정력, 메타인지 등과 같이 학생 혼자서 해결할 수 없는 복잡하고 종합적인 사고력이 함께 요구된다. 토의·토론은 여러 사람이 참여하는 과정을 통하여 이것을 가능하게 해준다.

다) 학생들의 도덕성과 태도를 긍정적으로 변화시킨다.

딜레마를 통한 토의·토론 수업을 통해 갈등을 겪게 되고, 상위 단계에 있는 학생들의 생각을 접하면서 자신도 상위 단계로 발달할 가능성을 높인다. 또한 정의, 인지, 행동 등으로 이루어진 태도의 3가지 요소에도 영향을 받기 때문에 토의·토론을 통해 태도를 긍정적으로 바꿀 수 있다.

라) 학생들의 수업 참여도를 높인다.

토의·토론 활동은 학생들을 능동적으로 학습에 몰입하게 하며, 이를 통해 학생들은 학구적인 학습 시간을 경험하도록 하여 수업의 참여도를 높일 수 있다.

2) 토의·토론 학습의 요소

Toulmin(1958)은 토론을 준비할 때 매우 유용한 방법으로 6단 논법을 제시하였다. 6단계는 '논제 → 결론 → 이유 → 설명 → 반론 꺾기 → 예외 정리'이다.[7]

---

6) 블룸의 인지적 영역 목표 6가지는 지식, 이해, 적용, 분석, 종합, 평가임.
7) 정문성(2016). 토의·토론 수업 방법 56. 교육과학사. 20−22.

① 1단계: '논제'를 정한다.

② 2단계: '결론'으로 자신이 어느 입장인지를 선택한다.

③ 3단계: '이유'로서 결론을 선택한 이유를 확인한다.

④ 4단계: '설명'으로 결론을 선택한 이유에 대한 설명을 제시한다.

⑤ 5단계: '반론 꺾기'로 예상되는 반론을 생각하고 그 대안을 준비한다.

⑥ 6단계: '예외 정리'로 예외 사항의 확인 및 정리를 통해 자신의 주장을 더 정교하게 한다.

Toulmin(1958)은 아래 그림과 같은 모델에 근거하여 데이터, 근거, 보조 근거, 조건, 반박, 주장 등의 6가지 요소를 검토하여 토의·토론을 철저하게 준비해야 한다고 하였다. 즉, 토의·토론에 필요한 자료를 준비할 때, 다음 6가지를 검토하면 된다는 것이다.

▲ 그림 1 Toulmin의 토의·토론 모델

① 주장(claim)은 다른 사람들이 받아들이기를 희망하는 자신의 명제이다.

② 데이터(grounds)는 상대를 설득하기 위한 기초가 된다.

③ 근거(warrant)는 데이터와 다른 데이터를 주장에 연결해주는 것으로 여기

에는 6가지 방법(GASCAP)8)이 사용된다.

④ 보조 근거(backing)는 근거를 보조해주는 또 다른 근거이다.

⑤ 조건(qualifier)은 주장이 적용되는 범위를 말하는데 주로 대부분, 보통, 항상, 때때로 등의 용어가 많이 사용된다.

⑥ 반박(rebuttal)은 반대 논리나 반대 사례들을 말한다.

다. 토의 · 토론 학습의 효과

토의 · 토론 방법을 수업에 적용하면 학생들에게 수업목표 달성 이외에도 다양한 효과가 나타난다.9) 토의 · 토론은 상대방의 주장이나 근거를 점검하면서 비판적 태도를 갖출 수 있다. 또한 문제에 대한 새로운 생각을 만들어 내며 창의성을 발휘하여 문제를 해결하는 능력을 형성하게 된다. 토의 · 토론을 통해 의사소통능력이 향상되는데 이는 자신의 주장만을 말하는 것이 아니라 상대방의 말을 잘 듣는 것도 중요하기 때문이다.

토의 · 토론 학습을 통해 팀원의 구성원으로 활동하는 과정에서 공동체 구성원으로서의 자질을 기르게 되며, 토의 · 토론을 많이 한 학생일수록 배려하고 협력하는 태도를 배우고 리더가 갖춰야 할 자질을 연마할 수 있게 된다.

---

8) 일반화(Generalization)는 대부분의 사례에 적용될 때 사용하고, 유추(Analogy)는 유사한 사례를 찾아 적용하는 것이다. 표시(Sign)는 어떤 증거가 일반적 원리를 보여주는 경우이다. 인과관계(Causality)는 원인과 결과의 관계일 때이며, 권위(Authority)는 권위 있는 사람이나 책 등을 증거로 사용하는 경우이다. 원리(Principle)는 타당하다고 널리 인정되는 명제를 적용하는 경우이다.

9) 김은주(2013). 독서 기반 토의 · 토론 프로그램이 초등학생의 글쓰기 능력에 미치는 영향. 가톨릭대학교 교육대학원 석사학위논문. 18. (신광재 외, 2011, 35. 재인용)

▲ 그림 2 토의 · 토론 학습의 효과

토의 · 토론 학습의 교수 · 학습 모형

가. 토의 · 토론 학습 방법의 종류

토의 · 토론 학습 방법의 종류는 다양하다. 토의 · 토론 학습 방법의 종류는 크게 목적과 집단 규모에 따라서 구분할 수 있다.

토의 · 토론 학습 방법을 목적에 따라 구분하면, 아이디어 개발, 지식 습득, 쟁점 분석, 의사결정으로 구분할 수 있다.

▌표 2 목적에 따른 토의 · 토론 수업 방법의 종류

목적	방법
아이디어 개발	브레인스토밍, 브레인라이팅, 돌아가며 발표하기, 모둠 문장 만들기
지식 습득	직소, 배심 토의 · 토론, 둘 가고 둘 남기
쟁점 분석	법리 모형, 찬반 대립 토론, pro-con 토의 · 토론
의사결정	만장일치, 피라미드, 복수 선택 및 질적 의사결정

출처: 정문성(2016). 토의 · 토론 수업 방법. p. 42.

토의 · 토론 학습 방법을 집단 규모에 따라 구분하면, 대규모, 소규모 그리고 대규모와 소규모가 통합된 것으로 구분할 수 있다. 대규모 토의 · 토론은 참여자 전체가 토의 · 토론을 할 수도 있고, 그것이 불가능하거나 효율적이지 못하면 이 중에서 몇 명이 토의 · 토론을 하고 나머지는 관찰이나 참관할 수도 있다. 대규모 토의 · 토론 수업 방법에는 배심 토의 · 토론, 어항 토의 · 토론이 있다. 소규모 토의 · 토론은 소집단 내에서 토의 · 토론이 마무리되는 것이며, 소집단별로 주제가 같거나 다를 수 있다. 대규모와 소규모가 병합하는 토의·토론 수업 방법은 대집단으로 했다가 소집단으로 모이는 피라미드, 소집단과 대집단이 유기적으로 연결되는 직소가 있다.

1) 브레인스토밍10)

브레인스토밍은 Osborn(1941)이 광고 아이디어 구상을 위한 방법으로 활용하였다. 이 방법의 목적은 아이디어의 발상과 평가를 철저히 분리하여 아이디어의 수준과 관계없이 자유롭게 가능한 많은 아이디어를 생성시키려는 것이다.

브레인스토밍의 4대 원칙으로 비판금지(어떤 제안에 대해서도 평가 금지), 자유분방(엉뚱하거나 비현실적인 아이디어라 할지라도 모두 환영), 수량추구(아이디어는 많으면 많을수록 좋음), 결합개선(타인의 아이디어에 편승하여 새로운 아이디어로 발전시키는 것) 등이 있다.

브레인스토밍 방법을 운영하는 절차는 다음과 같다.

① 집단을 구성하고 각 집단의 리더와 기록자를 정한다. 집단 규모는 마이크 없이 서로 말하고 들을 수 있을 정도가 좋으며, 가능하면 20명이 넘지 않도록 한다.

② 모두가 보이는 곳에 칠판(또는 화이트보드) 또는 전지를 붙인다. 집단 규모가 작을 때에는 B4용지 크기를 사용해도 좋으며, 모두에게 보일 수 있는 크기로 한다.

③ 주제와 함께 기본 원칙을 안내한다. 주제를 발표하고, 토의·토론을 할 때의 기본 원칙을 설명해준다.

④ 구성원들의 아이디어가 나오면 기록자는 모두가 볼 수 있도록 기록한다. 교사 또는 사회자가 학생들의 아이디어를 촉진하는 멘트를 함께 하는 것이 좋다.

⑤ 아이디어를 분류하고, 최종 아이디어를 결정한다. 토의·토론 목적에 따라

---

10) 정문성(2016). 토의·토론수업 방법. pp. 97-98.

아이디어를 분류하고 최종의 아이디어를 선정한다.

2) 브레인라이팅[11]

브레인라이팅은 독일 프랑크푸르트의 Battelle Institute에서 개발한 방법이다. 이 방법의 목적은 참가자 전원이 소외되지 않고 시작부터 끝까지 토의·토론에 참여하는 데 있다.

브레인라이팅 방법을 운영하는 절차는 다음과 같다.

① 4~6명의 소집단을 구성하고 B4용지와 포스트잇을 배부한다. B4용지는 한 모둠에 한 장씩 배부하고, 포스트잇은 1인당 5매 정도가 적당하며, 과제에 따라서 매수를 조정하여 배부한다. 부름이 등 심부름하는 역할 구성원을 불러 배부하는 것이 좋다.

② 교사가 토의·토론 주제를 제시한다. 교사는 토의·토론 주제와 배경 설명을 하며, 모든 학생이 동일하게 이해하도록 주의한다. 주제에 대한 이해가 다르면 토의·토론이 겉돌기 때문이다. 이를 위해 질의응답 시간도 갖는 것이 좋다.

③ 학생은 먼저 개인적인 의견을 포스트잇에 기록한다. 개인의 의견을 포스트잇 한 장에 하나씩 기록한다. 포스트잇을 5개 배부했으면 개인은 5개의 의견을 작성하도록 한다.

④ 학생이 기록한 포스트잇들을 B4용지에 임의로 붙여 놓고 같은 종류로 분류한다. 교사는 작성한 포스트잇을 B4용지에 아무렇게나 붙이게 하고, 토의·토론을 통해서 4~5개의 하위 주제로 분류하게 한다. 가능하면 중복되거나 빠지지 않고 전체를 아우르는 하위 주제가 되도록 한다.

⑤ 분류된 포스트잇을 대표할 만한 상위 제목을 적어서 상단에 붙인다. 학생들이 토의·토론을 하는 동안 서로 다른 색의 포스트잇을 배부한다. 이것으로 하위 주제를 작성하는 데 사용하도록 한다.

---

11) 정문성(2016). 토의·토론수업 방법. pp. 100−104.

⑥ 소집단별로 발표한다. 과제가 완성되면, 집단별로 발표할 기회를 준다.

3) 패널 토의 · 토론12)

패널 토의 · 토론은 주제와 관련된 전문가로 구성된 패널들이 모여 청중 앞에서 주제에 대해서 토의 · 토론을 하는 방법이다. 이 방법의 목적은 청중에 해당하는 학생들이 패널들이 토의 · 토론을 하는 모습을 보고, 간접적으로 지식을 얻는 데 있다. 이 방법은 토의 · 토론 방법이 익숙하지 않은 학생들이나, 주제가 매우 어려운 경우에 적용하는 것이 효과적이다. 또한, 학생들이 너무 많아 통제하기 어려운 경우에도 유용하게 사용할 수 있다.

패널 토의 · 토론 방법을 운영하는 절차는 다음과 같다.

① 패널을 4~6명 정도 정해서 주제에 대해서 토의 · 토론을 준비한다. 교사는 토의 · 토론 주제에 대해서 패널을 선정한다. 패널 선정은 지원자를 선발하거나 교사가 능력 있는 학생을 지명해도 좋다. 패널에게는 교사가 미리 자료 등을 준비해서 학습하도록 하는 것이 바람직하다. 또한, 토의 · 토론 진행 시에는 사회자를 정하고, 사회 보는 방법을 훈련하는 것도 필요하며, 어려운 경우 교사가 사회자 역할을 해도 된다.
② 사회자의 운영에 따라 토의 · 토론을 진행한다. 전체 주제를 하위 주제의 순서대로 진행한다. 사회자는 하위 주제를 제시하면서 패널들의 토의 · 토론을 유도한다. 패널들의 주장을 공평하게 발언할 수 있도록 기회를 제공한다.
③ 각 하위 주제의 토의 · 토론 말미에 학생들의 질문과 의견을 잠시 듣는 시간을 가진다. 사회자는 각 하위 주제에 대해 패널들의 토의 · 토론이 어느 정도 마무리되면, 청중인 학생들에게 질문이나 의견을 받도록 한다. 아무리 패널들이 충분한 토의 · 토론을 했다고 하더라도 미처 다루지 못한 의견도 있고, 잘못된 결론을 내릴 수 있기 때문이다.

---

12) 정문성(2016). 토의 · 토론수업 방법. pp. 176−178.

④ 마무리할 때, 토의·토론에서 결정된 결과나 의미를 확인해 준다. 토의·토론이 마무리되면, 토의·토론 결과와 그 의미에 대해 정리해 주는 시간을 갖는다. 아울러 토의·토론의 과정에 대해서도 조언을 한다.

4) 대립 토의·토론[13]

대립 토의·토론은 일반적으로 디베이트(debate)로 알려져 있다. 가장 대표적인 형태는 재판이라고 할 수 있다. 이 방법은 주제에 대해 찬성과 반대의 주장을 가지는 양쪽에서 자기주장의 옳음을 논증이나 실증으로 정당화하여 승부를 가리는 일종의 토의·토론 시합이다. 즉, 운동 경기와 같이 정해진 규칙에 따라 토론을 하고, 토론이 끝나면 얻은 점수에 따라 승패가 결정된다는 것이다.

대립 토의·토론 방법을 간단히 정리하면 다음과 같다.

① 하나의 주제(또는 안건)를 가지고,
② 대항하는 두 팀으로 나누어,
③ 일정한 규칙(인원수, 시간, 진행방법, 심사방법 등)에 따라 토론하고,
④ 토론이 끝나면 승패를 결정하는 말로 하는 시합이다.

대립 토의·토론 방법을 운영하는 절차는 다음과 같다.

① 토론 주제와 대립 토의·토론의 진행 과정을 설명한다.
② 3분 정도 시간을 주고 토론 주제 내용에 대하여 전략을 수립한다.
③ 주제에 대한 긍정하는 측과 부정하는 측의 입론을 한다.
④ 입론에 대한 반론을 위한 전략을 수립한다.
⑤ 부정 측부터 반론을 시작한다. 반론 중에는 절대 반박을 금지하도록 한다.
⑥ 상대방의 반론에 대하여 반박할 내용을 논의할 작전타임 시간을 갖는다.
⑦ 긍정 측부터 반론에 대한 반박을 한다.

---

13) 정문성(2016). 토의·토론수업 방법. pp. 255－258.

⑧ 전체 작전타임 시간을 갖고 자유토론 시간을 갖는다.

⑨ 최종적으로 자신들의 주장을 한다.

⑩ 평가 및 승패를 결정한다. 필요한 경우 교사가 몇몇 모둠의 토론 내용과 심판 판정을 확인해 볼 수 있다.

나. 토의·토론 교수·학습 모형

1) 토의·토론 교수·학습 모형의 탐색

토의·토론을 적용한 교수·학습 모형은 토의와 토론을 병합한 방법이다. 토의법은 과제를 해결하는 최선책을 선택할 때 주로 활용하고, 토론법은 찬반이 극명한 주제에 대하여 자신의 주장을 입증하고 상대방을 설득할 때 주로 활용한다.

토의·토론 교수·학습 모형은 목적과 유형, 학자에 따라서 여러 가지 형태로 나누어져 있다. 선행 연구에서 제시된 토의·토론 교수·학습 모형을 단계별로 종합하여 정리하면 다음과 같다.

▌표 3 토의·토론 방법을 적용한 교수·학습 모형

구분	연구자	토의·토론 교수·학습 모형 단계별 학습 과정과 내용			
		준비	수업 안내	토의·토론 진행	정리 및 평가
토의	Lippitt 외 (1975)	상황의 제시 및 탐구 문제의 설정	탐구 계획 수립	탐구 활동 전개	탐구 결과의 정리 및 발표, 탐구 활동에 대한 평가
	Gage (1996)	토의 주제 선정, 토의 목표 구체화		주제에 대하여 토의하기	토의 기록 보존과 평가
	권낙원 (1996)	문제 제기 및 배경 설명, 토의 주제 설정	토의 유형의 선정, 집단 편성 및 역할 분담	토의(도입-전개-정리로 진행), 적극적인 분위기 조성과 토의 방향 유도	개인 및 집단 평가, 토의 전개 평가
	유진희	수업분위기 조성,	토의 방법 결정,	토의 활동 전개	토의 결과 정리

구분	연구자	토의 · 토론 교수 · 학습 모형 단계별 학습 과정과 내용			
		준비	수업 안내	토의 · 토론 진행	정리 및 평가
토론	(2012)	학습목표 설정, 토의 목적 확인, 토의 주제 설정	하위 토의 주제 설정, 자료 수집 안내, 토의 시간 배당, 개인적 사고		및 발표, 토의 활동에 대한 반성, 학습목표 도달 여부 확인, 차시 예고
	김창원 (2005)	토론 목적 확인, 토론 주제 결정	조사 활동, 토론 방식 결정, 집단 편성 및 역할 분담, 준비물 확인, 토론 절차 확인	집단별 주제 및 역할 확인, 구성원 간의 토론 전개	결과 정리 및 반석, 토론에 대한 개인의 반성 및 평가
	김종광 (2000)	학습목표 인지, 동기 유발, 사고거리 제공, 주제 결정	모둠 편성, 집단별 역할 분담, 논제 분석과 논박 자료 준비, 집단별 전략 수립	주장과 논박	토론 과정에 대한 화법적인 분석, 주장과 논박에 대한 검증, 상대의 주장과 논박 정리, 자기 주장 정리, 차시 예고
	엄이섭 (2005)	동기 유발 및 학습목표 제시, 문제 제시	학습 모형 설명, 모둠의 구성, 학습 자료의 제시 및 문제의 성격 파악	모둠별 토론, 모둠별 대안 작성 및 근거의 확보, 전체 토론, 대안의 선택이나 절충안 모색	각자의 입장 재정립, 학습 과정 평가 및 정리

위의 선행연구에서 제시한 토의 · 토론 교수 · 학습 모형을 종합하여 정리하면, 토의 · 토론 교수 · 학습 모형은 준비, 안내(계획), 진행, 정리 및 평가 등의 4단계 학습 과정으로 진행된다. 토의 · 토론 교수 · 학습 모형의 단계별 학습 과정의 주요 내용을 제시하면 다음과 같다.

첫째, 준비에 해당하는 학습 과정의 주요 활동 내용에는 학습 분위기 조성, 학습목표 제시 및 구체화, 학습 주제 선정 및 제시 등이 있다. 다만, 수업 주제 가 토의 · 토론의 과정을 통해서 최선의 해결책을 선택하는 것이라면 토의 중시의 과정을 통해서 주제를 해결하고, 주제가 찬반이 극명하게 나뉘어서 자신의 주장을 입증하고 상대방을 반박하는 것이라면 토론의 과정을 통해서 주제를 해결하도록 한다.

둘째, 안내에 해당하는 학습 과정의 주요 활동 내용에는 토의·토론 운영 방법 선정 및 안내, 모둠 편성 및 역할 분담 등이 있다.

셋째, 진행에 해당하는 학습 과정의 주요 활동 내용에는 토의·토론 자료 제작(주장할 자료 제작), 토의·토론 진행(모둠 내에서 전체로 진행) 등이 있다.

넷째, 정리 및 평가에 해당하는 학습 과정의 주요 활동 내용에는 토의·토론 결과 정리 및 발표, 평가와 반성, 차시 예고 등이 있다.

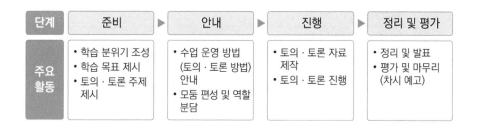

▲ 그림 3 토의·토론 교수·학습 모형의 단계별 주요 활동 내용

2) 토의·토론 교수·학습 모형 구안

일반적인 수업 단계는 도입, 전개, 정리로 이루어진다. 일반적인 수업 단계에 해당하는 토의·토론 학습 과정을 적용하면, 도입 단계에서는 학습목표 및 주제 제시와 수업 운영을 안내하고, 전개 단계에서는 토의·토론 사전 준비, 토의·토론 활동이 이루어지며, 정리 단계에서는 정리 및 발표, 평가 및 마무리로 적용할 수 있다. 따라서 단계별 학습 과정과 주요 활동 내용을 정리하여, 수업에서 적용할 토의·토론 교수·학습 모형을 구안하여 제시하면 다음과 같다.

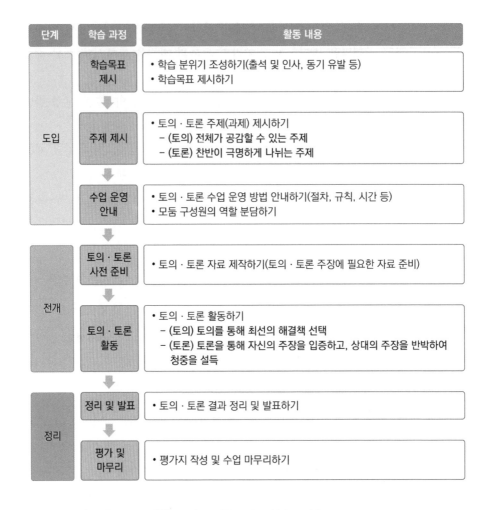

▲ 그림 4 이론적으로 구안한 토의·토론 교수·학습 모형

① 학습목표 제시: 일반적인 수업과 마찬가지로 본 수업 진행 전에 학생들이
수업에 집중하여 참여할 수 있도록 학습 분위기를 조성하도록 한 후, 학습
목표를 안내한다.

② 주제 제시: 토의·토론 수업에서의 주제 또는 과제를 안내한다. 주제 제시
에서 가장 중요한 사항은 학습자의 수준에 적합한 주제(과제)를 선정하여
제시하는 것이다. 즉, 교사는 주제를 선정할 때, 학습자 스스로 주제(과제)
를 해결할 수 있는 주제를 선정하는 것이 매우 중요하다.

③ 수업 운영 안내: 토의·토론 수업 진행을 어떠한 절차로 진행하는지 설명을 한다. 이 학습 과정에서는 토의·토론 진행 방법, 토의·토론 자세와 규칙, 배정 시간 등을 설명한다. 또한, 토의·토론 진행에서의 역할을 분담하는 것뿐만 아니라, 모둠 내에서의 역할을 분담하여 자신의 역할이 무엇인지를 숙지한다.

④ 토의·토론 사전 준비: 제시된 주제(과제)를 해결하기 위한 본격적인 토의·토론 활동이 시작되기 전에 학생들은 필요한 배경지식을 학습한다. 또는 아이디어를 창출하는 주제인 경우, 개인의 아이디어를 결정하기도 하고, 찬반 대립의 토론이라면 찬성과 반대의 의사결정을 하고, 이에 필요한 자료를 준비하는 학습 과정이다. 이 학습 과정은 주어진 주제(과제)를 해결하기 위한 토의·토론 활동을 보다 효과적으로 진행한다. 즉, 해결할 주제에 대한 과제를 분석하여 이와 관련된 배경지식을 구축하여 본격적인 토의·토론 활동에 필요한 자료를 수집 및 조사하여 정리하는 과정에서 학생들은 보다 구체적으로 문제와 해결방안에 접근할 수 있다.

⑤ 토의·토론 활동: 본격적인 토의·토론 활동을 진행한다. 이 학습 과정에서 학생은 직접 토의자, 토론자, 사회자, 기록자 등으로 참여하거나, 배심원이나 청중으로 참관할 수 있다. 토의·토론 활동이 학생들에게 익숙하지 않은 경우, 교사는 순회하면서 원활한 토의·토론 수업이 진행되도록 도움을 준다. 또한, 전체 학급 학생이 토의·토론을 진행할 경우, 교사가 사회자 역할을 한다.

⑥ 정리 및 발표: 토의·토론 활동을 통해서 도출된 결과를 종합 및 요약하여 정리하고, 이를 발표 자료로 활용한다. 발표는 시간을 고려하여 모든 모둠이 발표하거나, 임의의 모둠을 선정하여 발표하도록 한다.

⑦ 평가 및 마무리: 토의·토론의 내용에 대한 결과평가뿐만 아니라 토의·토론 활동 과정에 대한 과정평가도 함께한다. 또한, 모둠 구성원 상호 간의 주어진 역할에 대한 상호평가와 자기평가를 함께 실시하여 모둠 역할에 대한 반성과 자기반성의 시간을 갖는 것도 필요하다. 교사는 토의·토론의 결과를 종합 및 정리하면서 수업을 마무리한다. 특히, 토의·토론의 결과에 오류가 있거나 수정이 필요한 경우에는 이를 강조하여 설명한다.

다. 토의 · 토론 교수 · 학습의 준비

1) 토의 · 토론의 기본자세

토의 · 토론 수업은 토의 · 토론에서 승리하기 위한 것이 아니라 이러한 과정을 통해서 수업의 목표를 달성하는 것이기 때문에, 어디까지나 목적이 아닌 수단임을 잊지 말아야 한다. 즉, 학생들이 토의 · 토론에 몰두하여 수업목표를 상실하지 않도록 교사는 수시로 이를 확인시켜 주는 것이 필요하다.

토의 · 토론 수업에서 자신과 타인을 구분하여 토의 · 토론에 임하는 자세를 제시하면 다음과 같다(토론교육연구소, 2006).

┃표 4 자신과 타인에 대하여 임하는 토의 · 토론의 자세

구분	내용
자신에 대하여	주제에 대해 충분히 학습하여 주장하고자 하는 것을 충분히 알고 있어야 한다.
	주제에 대해 진지한 관심과 성의를 가지고 임한다.
	강압보다 설득으로 문제를 해결해야 한다.
	이길 때도 배우지만 질 때도 많은 것을 배운다.
	너그러운 승자가 되고, 명예로운 패자가 된다.
	남들에게 한 비판을 나에게도 해 본다.
	내가 지지하는 편에 유리한 최선의 논의를 한다.
타인에 대하여	의견은 다르지만 타인의 권리를 존중한다.
	자기 팀, 상대 팀, 심판 모두를 존중한다.
	논의와 논거에 대해 정직하여야 한다.
	부족한 동료와 상대를 도와준다.
	도움이 필요한 사람을 도와주고, 권력 앞에서도 당당히 진실을 말한다.

출처: 신재한 외(2016). p. 65.

Atwatter(1984)는 토의 · 토론하기 전, 하는 동안, 하고 난 후를 구분하여 토의 · 토론에 임하는 자세를 다음과 같이 제시하고 있다.

┃표 5 자신과 타인에 대하여 임하는 토의·토론의 자세

구분	내용
하기 전	숨을 깊고 천천히 들이쉬고, 마음을 편안히 한다.
	준비한 메모지를 순서대로 정리해 놓는다.
	발표를 하러 나갈 때는 미소를 지으면서 청중을 보면서 나간다.
	토의·토론 주제를 완전히 이해한다.
하는 동안	바른 자세로 앉아서 서로의 주장에 주의집중한다.
	정확한 용어를 사용한다.
	구체적이고, 정직하고, 간결하고, 자연스럽고, 당당해야 한다.
	청중이 이해할 수 있는 용어를 사용한다.
	어렵거나 애매한 용어는 분명한 개념 정의를 하고 사용한다.
하고 난 후	조용히 앉아 결과를 기다린다.
	자신의 토의·토론을 스스로 평가해 본다.

출처: 신재한 외(2016). p. 65.

Atwatter(1984)는 토의·토론할 때의 주의사항 10가지를 다음과 같이 제시하였다.

① 평소에 자기의 발표에 대해서 녹음기를 이용해 발음, 어조, 용어 선택 등을 발성하며 연습을 한다.
② 연습은 하되 외우지 말고, 메모지를 보고 연습한다.
③ 소리를 높이거나 잠시 멈추는 등 중요한 요소를 강조한다.
④ 자연스러운 몸짓은 좋으나 과잉 몸짓은 하지 않는다.
⑤ 단조로운 음조보다는 약간의 변화를 준다.
⑥ 천천히, 명확하고 분명하게 말한다.
⑦ 크지도 않고, 작지도 않은 목소리를 유지한다.
⑧ 눈을 피하지 말고 청중이나 상대방을 쳐다본다.
⑨ 만지작거리거나 머리를 만지는 등 신경을 거스르는 행동은 하지 않는다.
⑩ 주어진 시간을 잘 관리한다.

나) 토의·토론 규칙

토의·토론의 규칙은 운영 방법에 따라 다소 상이하겠지만 기본적으로 비슷하다. 토의·토론의 규칙을 정하는 방법은 전반적인 규칙을 정한 후 어떠한 방법을 사용하여 토의·토론을 하느냐에 따라서 추가적인 규칙을 정하는 것이 바람직하다. 규칙은 참여자의 합의를 통해 설정 및 수정할 수 있다. 토의·토론에서의 일반적인 규칙은 다음과 같다(Swan, 2007).

① 모든 사람에게 말할 기회가 주어진다.
② 연습은 하되 외우지 말고, 메모지를 보고 연습한다.
③ 모든 사람은 의견을 공유한다.
④ 다른 사람의 발표를 잘 들어야 한다.
⑤ 다른 사람의 의견을 존중한다.
⑥ 누구나 대안을 낼 수 있다.
⑦ 자신의 의견을 수정할 수 있다.
⑧ 같은 팀이라고 생각하고 토의·토론을 한다.
⑨ 왜 그렇습니까? 찬성합니까? 어떻게 생각합니까? 당신의 의견은 무엇입니까? 등의 분명한 질문을 해야 한다.

다) 학생 역할 분담

토의·토론 수업에서 토의·토론자인 학생의 역할은 크게 2가지 경우로 나누어 볼 수 있다. 첫째, 학생에게 역할을 부여하지 않고 자연스럽게 토의·토론에 적극적으로 참여하기를 기대하는 경우이다. 둘째, 의도적으로 기대하는 역할을 부여하여 참여 동기를 자극하는 경우이다. 수업 적용의 효과는 후자의 경우가 높게 나타난다. 따라서, 토의·토론 수업에서 학생들은 모둠을 구성하여 수업에 참여하고, 모둠 구성원은 주어진 주제를 해결하기 위해서 각자의 역할을 분담하는 것이 중요하다. 이러한 관점에서 Johnson 등(1984)은 학생들의 역할 분담 사례를 다음과 같이 제시하였다.

표 6 토의 · 토론 수업에서의 학생 역할 사례

역할	행동	역할	행동
창조미	모둠이 만든 결과물을 새롭게 재창조한다.	연구미	필요한 자료를 수집해서 과제와 관련시킨다.
동작지킴이	조용히 움직이도록 책임진다.	기록이	모둠 활동의 기록을 담당한다.
차례지킴이	차례로 활동하도록 책임진다.	발표지킴이	조용한 목소리로 말하도록 책임진다.
설명이	설명을 담당한다.	요약이	모둠의 결과물을 요약한다.
정교미	이미 배운 것을 새롭게 완성한 과제와 관련시킨다.	바로잡음이	모둠의 활동 중 잘못된 부분을 바로 잡는다.
탐구미	주장된 의견을 보다 깊이 탐구할 수 있도록 심화 질문을 한다.	정당이	아이디어에 증거를 제시하는 등 주장의 정당화를 도와준다.
관찰이	바람직한 행동을 관찰하여 지적해 준다.	다름이	다른 아이디어와 차이를 비교해 준다.
이끄미	모둠의 과제, 시간, 목적 등을 재확인 시켜주고 지적한다.	확산이	발표자의 의견에 좀 더 많은 정보와 의미를 보태어 준다.
도우미	활동을 도와주고 칭찬해준다.	선택이	여러 대안들을 만들어낸다.
명석이	발표를 재정리해 준다.	세우미	참여를 격려한다.
점검이	구성원 모두가 목표를 달성했는지 점검한다.	뭉침이	여러 발표자의 의견을 하나의 의견으로 통합한다.
비판이	아이디어를 비판하는 역할을 담당한다.		

출처: Johnson 외(1994). Cooperative learning. pp. 35-36.

3. 토의·토론 학습을 활용한 NCS 기반 교수·학습 전략

NCS 기반 교육과정의 실무과목에 대한 교수·학습을 설계하기 위해서는 NCS 실무과목 분석(학습모듈 분석), 교수·학습 설계 및 교수·학습 자료 개발, 수업 운영, 수업 평가 등의 과정을 거친다.

분석	설계와 개발	실행	평가
• 실무과목 분석 (학습모듈 분석)	• 교수·학습 설계 • 교수·학습 자료 개발	• 수업 운영	• 수업 평가

▲ 그림 5 NCS 기반 교육과정에서의 교수·학습 설계 절차

출처: 교육부·서울특별시교육청·한국직업능력개발원(2016). NCS 기반 교육과정 편성·운영 안내서. p. 138.

가. 분석 단계

분석 단계에서는 교수·학습 계획을 수립하기 위해서 NCS 기반 교육과정, 학교 환경 및 학습자 수준 등을 분석한다. 본 절에서는 학교 환경 및 학습자 수준에 대한 부분은 생략하고, NCS 기반 교육과정(실무과목의 학습모듈)에 대한 부분을 중점으로 제시하도록 한다.

NCS 기반 교육과정을 분석하기 위해서는 국가교육과정정보센터(http://ncic.go.kr) 사이트를 활용한다. 해당 실무과목의 학습내용을 분석하기 위해서는 NCS 능력단위를 확인해야 한다. 또한, 해당 실무과목의 NCS 능력단위의 학습모듈은 NCS 홈페이지(www.ncs.go.kr)를 통해 확인한다.

학습모듈 확인을 위한 구체적인 절차는 NCS 홈페이지(www.ncs.go.kr) 접속 → NCS 및 학습모듈 검색 → 고교 직업교육과정 → 교과군 선택 → 교과목(실무과목) → NCS 학습모듈 순으로 확인한다.

나. 설계 및 개발 단계

설계 및 개발 단계에서는 실무과목의 학습모듈 분석을 토대로 해당 실무과목의 교육과정을 재구성(실무과목의 학습내용과 진도 계획 수립)하여 교수·학습을 설계하고, 해당 수업에서 활용한 교수·학습 자료를 개발한다.

교육과정 재구성은 실무과목의 학습모듈 내용 체계를 바탕으로 내용영역과 내용영역요소의 연관성, 종속성, 위계성 등을 종합적으로 분석하여 본 수업에서 적용하는 학습내용을 재구성하고 실무과목의 진도 계획을 수립하는 과정이다. 재구성된 학습내용에 대해서 가장 적합한 교수·학습 방법과 수업 차시를 함께 기재한다.

교수·학습 설계에서는 교육과정 재구성을 통하여 토의·토론 방법으로 수업에 적용했을 때 가장 적합한 학습내용에 해당하는 수업 차시에 대해서 교수·학습을 설계한다. 토의·토론 교수·학습을 설계하기 위해서는 학습목표에 부합하는 학습 주제(과제)를 선정하고, 학습 주제에 가장 적합한 토의·토론 방법을 선정한다. 토의·토론 방법을 선정할 때 목적과 집단의 규모 등을 고려한다.

┃표 7 목적에 따른 토의·토론 수업 방법의 종류

목적	토의·토론 수업 방법
아이디어 개발	브레인스토밍, 브레인라이팅, 육색 생각 모자, 스캠퍼, 돌아가며 발표하기, 모둠 문장 만들기
지식 습득 및 발표력 향상	돌아가며 말하기, 라운드 로빙, 직소, 배심 토의·토론, 신문활용교육, 모둠 인터뷰, 둘 가고 둘 남기
쟁점 분석	법리 모형, SWOT, 찬반 대립 토론, pro-con 토의·토론
의사결정	쌍비교 분석, 만장일치, 피라미드, 복수 선택 및 질적 의사결정

출처: 정문성(2016). 토의·토론 수업 방법. p. 42.

교수·학습 자료 개발에서는 교사용 자료, 학생용 자료로 구분하여 제작한다. 토의·토론 수업은 철저한 준비가 필요하며, 특히 토의·토론 기본자세와 규칙, 활동지(평가지 포함) 등을 반드시 포함하여 제작하도록 한다. 또한, 학생들이 토의·토론의 주제에 흥미를 느낄 수 있는 동기 유발 자료와 주제에 대해 이해 및 공감할 수 있도록 학습 자료를 철저히 준비해야 한다.

다. 실행 단계

실행 단계에서는 개발된 교수·학습 자료의 준비뿐만 아니라, 교실 환경 및 책상 배치 등을 미리 준비하도록 한다. 토의·토론에 경험이 부족한 교사는 토의·토론 수업 진행 상황에서 발생할 수 있는 예상 문제들에 대해서 어떻게 해결할 것인지에 대한 대안을 작성하도록 한다. 또한, 학생들이 토의·토론에서 지켜야 할 자세와 규칙은 학생들이 볼 수 있도록 게시하여, 수업 중간마다 인지하도록 안내한다. 특히, 토의·토론 수업은 학생과 학생 상호 간의 학습이 이루어지는 방법이기 때문에, 교사는 학생들의 상호학습이 촉진될 수 있도록 순회하면서 도움을 준다.

토의·토론 수업에서 다음과 같은 교사의 역할을 숙지하여 수업을 운영한다.

① 토의·토론 수업 시작 전 학습목표와 관련된 동기 유발을 확실하게 하여 학습자가 토의·토론 학습에 적극적으로 참여할 수 있도록 유도한다.
② 주제 선정, 패널 선정, 소집단 편성, 역할 분담 등 토의·토론 수업에 대한 준비가 철저하게 되었는지 점검한다.
③ 교사는 말을 최소화하여 침묵을 유지하면서도 수업을 분석하고 과정 및 내용을 평가하는 일에 중점을 둔다.
④ 학습자의 질문에 대해 스스로 해결책을 찾을 수 있도록 유도하는 데 초점을 둔다.
⑤ 토의·토론 수업에 방해되는 요인을 적절하게 막아 토의·토론 활동이 원활하게 이루어지도록 한다.

⑥ 토의·토론 수업에 필요한 규칙 및 원칙이 잘 지켜지도록 교실의 수업 분위기를 조성한다.

⑦ 토의·토론 수업에서 특정한 사람이 이끌어 가는 일이 없도록 발표순서 정하기, 발표 카드 사용하기, 규칙에 따라 말하기, 역할 부여하기 등의 활동을 적절하게 구조화시킨다.

⑧ 토의·토론 수업에서 교사는 편향적이지 않고 중립적인 위치에 서야 한다.

⑨ 교사는 토의·토론 수업에서 방향성을 잃어 잘못된 사실이 수용될 가능성이 있는 경우, 토의·토론 활동의 중단이 길어질 경우, 토의·토론 활동이 소극적일 경우, 논리적인 오류가 발생할 경우, 갈등이 깊어질 경우 등이 발생할 때 적극적으로 개입한다.

⑩ 토의·토론 수업에서 학습자가 익숙해질 수 있도록 교사가 시범을 보인다.

⑪ 교사는 토의·토론 수업의 전반적인 사항에 대한 정확한 지식이 정립되어야 한다.

⑫ 사회적 기술, 정보처리능력, 집단 편성 및 활동 방법의 구조화, 주제 선정 등 토의·토론 수업에 대한 철저한 계획 및 준비, 체계적이고 의도적인 훈련이 필요하다.

라. 평가 단계

평가 단계에서는 학습목표 성취도 평가와 수업 참여 과정 및 만족도에 대한 부분도 함께 평가할 수 있는 평가지를 제작하여 평가한다. 토의·토론 수업에 대한 평가는 진행 과정과 결과에 대한 평가, 토의·토론 활동에 대한 자기평가 등으로 구분할 수 있다. 우선, 토의·토론 진행 과정 및 결과에 대한 평가 영역에는 창의성, 협동성, 표현력, 연구심, 태도 등이 있고, 영역별 세부 평가 항목은 다음과 같다.

표 8 토의 · 토론 수업 과정과 결과에 대한 평가 영역 및 항목

영역	창의성	협동성	표현력	연구심	태도
평가 항목	자료의 다양성 자신 있는 제안 독창적인 아이디어	타의견 존경 청취하는 자세 감정 억제력	주장의 논리성 의사전달 명확성 음성 속도 설득력	문제해결력 자료 명확성 자료 풍부성 지식의 강도	발언시간 성의(열성) 전체 인상 진지성 몸가짐

출처: 신재한 외(2016). 창의인성교육을 위한 토의 · 토론교육의 이해와 실제. 한국학술정보. p. 70.

다음으로 자신이 토의 · 토론 수업에 참여하면서, 토의 · 토론 활동 과정과 활동 후에 대한 평가를 할 수 있으며, 평가 시 활용할 수 있는 자기평가 채점표 예시를 제시하면 다음과 같다.

표 9 토의 · 토론 활동과 활동 후의 자기평가 채점표 예시

구분	평가 내용	채점 기준	평가		
			상	중	하
토의 · 토론 활동 중	듣기 태도	친구들이 발표할 때 바른 자세로 열심히 들었는가?			
	발표 내용 이해 정도	친구들이 발표할 때 내용을 잘 이해하였는가?			
	의견 제시 내용 수준	자신이 제시한 의견이 오늘의 주제에 적합하고 창의적이었다고 생각하는가?			
	참여 정도	토의 · 토론 활동에 활발하고 적극적으로 참여하였는가?			
토의 · 토론 활동 후	논리성	주장을 뒷받침하는 이유나 근거가 적절하였는가?			
	증거 제시	주장에 대한 자료 준비를 잘 하였는가?			
	참여 정도	토론에 활발하게 참여하고 상대방 의견에 효과적으로 반박하였는가?			
	일관성	안건에 대한 자신의 입장이 분명하고 일관성이 있었는가?			
	토론 예절	상대방의 인격을 존중하고 발표하는 자세와 듣는 태도가 바른가?			

구분	평가 내용	채점 기준	평가		
			상	중	하
	협동	모둠원들과 협력을 잘 하였는가?			

출처: 신재한 외(2016). 창의인성교육을 위한 토의·토론교육의 이해와 실제. 한국학술정보. pp. 70
　　　-71.

4. 토의 · 토론 학습의 NCS 교수 · 학습의 실제

가. 교육과정 분석

1) 토의 · 토론 수업 적용 실무과목(세분류)과 학습모듈

대분류	중분류	소분류	세분류	내용영역	내용영역요소
전기 · 전자	전기	전기 공사	내선 공사	배관 배선 공사	배관 시공하기

2) 배관 배선 공사 능력단위의 학습모듈 개요

구분	내용	
목표	전선, 케이블 등을 보호하기 위해 전선관, 레이스웨이, 케이블 트레이와 박스, 기타 부속품을 설계 도서에 따라 시공하고 조명 설비, 동력 설비 등 전기 에너지를 필요로 하는 장소까지 전선, 케이블을 적합하고 안전하게 공사할 수 있다.	
선수학습	전력 설비, 내선 공사, 전기 설비 기술 기준의 판단 기준, 내선 규정	
핵심 용어	배관, 배선, 전선, 케이블 트레이, 버스 덕트, 절연 저항, 내선 규정, 전기 설비 기술 기준, 접지, 설계 도서	
내용 체계	1. 배관 시공하기	1-1. 배관 시공
	2. 케이블 트레이 시공하기	2-1. 케이블 트레이 및 부속재 선정
		2-2. 케이블 트레이 설치
	3. 버스 덕트 시공하기	3-1. 버스 덕트 설치
		3-2. 도체 접속 및 절연
		3-3. 버스 덕트 접지

구분		내용
4. 배선 시공하기		4-1. 시설 장소에 따른 배선 방법 선정
		4-2. 배선 시공
		4-3. 전선 식별 표시
5. 전선 접속하기		5-1. 전선 접속
		5-2. 전선과 기구 단자의 접속
		5-3. 전선의 상 구분
6. 배관 배선 검사하기		6-1. 배관 배선 점검
		6-2. 배관 배선 시험

나. 수업 설계

1) 토의·토론 수업 운영 개요

과목명	내선 공사
대상	전기과 ○학년 ○반 ○○명
단원	1. 배관 시공하기 / 1-1. 배관 시공
학습 주제	전기 배관 실습(시공) 시에 우리가 지켜야 할 안전수칙과 유의사항
학습목표	1. 전기 배관 실습(시공)에서 지켜야 할 안전수칙에 대해 설명할 수 있다. 2. 전기 배관 실습(시공)에 필요한 유의사항에 대해 설명할 수 있다.
수업 방법	브레인라이팅

2) 수업 진도 운영 계획

대단원	중단원	소단원	학습내용	수업 방법	차시
Ⅰ. 배관· 배선 공사	1. 배관 시공하기	1-1. 배관 시공	배관 시공 필요(배경) 지식 – 합성수지제 전선관 개요 및 시공 – 금속 전선관 개요 및 시공	강의법	1~2
			배관 시공 안전수칙 및 유의사항	토의·토론	3~4
			PE 전선관 시공하기	시범, 실습	4~8
			CD 전선관 시공하기	시범, 실습	9~12
			PVC 전선관 시공하기	시범, 실습	13~16
			금속 전선관 시공하기	시범, 실습	17~20
			······ 이하 생략 ······		

3) 토의·토론 수업 모형

학습 과정	내용
주제 제시	• 토의·토론 주제를 제시한다. 〈주제: 전기 배관 실습 시에 우리가 지켜야 할 안전수칙과 유의사항〉
수업 운영 안내	• 브레인라이팅 방법을 적용한 토의·토론 수업 운영 절차와 규칙 등을 안내하고, 모둠별 역할을 분담한다.
토의·토론 사전 준비	• 모둠별 토의·토론 활동에 필요한 주제에 대해서 개인의 의견을 포스트잇에 작성하도록 한다.
토의·토론 활동	• 모둠 구성원의 개인 의견(포스트잇)을 B4용지에 아무렇게나 붙이고, 토의·토론을 통해서 개인 의견을 하위 주제별로 분류하여 정리한다. 분류가 마무리 되면, 서로 다른 색의 포스트잇을 활용하여 하위 주제별로 정리하도록 한다.
정리 및 발표	• 토의·토론 활동을 통해서 결과를 정리하여 발표 자료를 제작한다. 제작한 자료를 바탕으로 모둠별로 발표한다.
평가 및 마무리	• 과제 및 발표에 대한 결과 평가, 그리고 토의·토론 활동 운영 과정에 대한 과정 평가를 실시하고, 우수한 모둠과 학생을 칭찬한다.

4) 토의 · 토론 교수 · 학습 과정안(또는 수업설계서)

대상	전기과 ○학년 ○반	일시	○월 ○일 ○교시	차시	3~4/20차시
단원명	1. 배관 시공하기 / 1-1. 배관 시공				
학습 주제	전기 배관 실습 시에 우리가 지켜야 할 안전수칙과 유의사항				
학습목표	1. 전기 배관 실습(시공)에서 지켜야 할 안전수칙에 대해 설명할 수 있다. 2. 전기 배관 실습(시공)에 필요한 유의사항에 대해 설명할 수 있다.				
교수 · 학습 전략	브레인라이팅 토의 · 토론		학습 형태		모둠 학습
수업 자료	학습 자료(동영상, 교과서, 공구 매뉴얼 등), 활동지 등				

단계	학습 과정	교수 · 학습 활동	시간
도입	학습목표 제시	• 전시 학습 확인하기 • 동기 유발하기 – 전기 배관 공사에서 발생할 수 있는 안전사고 사례를 제시한다. • 학습목표 제시하기	5'
	주제 제시	• 수업 과제(주제) 및 평가 방법 안내하기 – '활동지'를 배부하여 과제와 평가 방법에 대해서 설명한다. – 활동에 필요한 포스트잇과 B4용지(백지)를 배부한다.	5'
	수업 운영 안내	• 수업 운영 절차 및 규칙 안내하기 – 브레인라이팅 토의 · 토론 수업 운영 방법을 설명한다. 〈수업 운영 방법 안내〉 • 주제 안내 → 모둠 편성 → 개인 의견 작성 → 모둠별 토의 · 토론 → 정리 및 발표 → 평가 및 정리의 절차로 운영됨을 안내한다. – 토의 · 토론에 임하는 자세와 규칙을 안내한다. 〈토의 · 토론 자세와 규칙〉 • 상대방을 의견을 존중하고, 상대방 말에 경청한다. ※ 내용이 아닌 사람을 비판하거나, 감정적인 언어를 사용하지 않도록 한다. • 모든 사람에게 말할 기회를 주고, 시간을 공정하게 배분한다. • 자신의 평가(점검) 결과와 근거를 함께 제시하여 주장한다.	10'

		• 모둠 구성원의 역할 분담하기
		〈모둠 구성원 역할 분담〉 • 모둠별 역할은 자유롭게 하도록 하되, 발표자와 질문자를 필히 포함하도록 한다. (예시: 대표자 1명, 기록자 1명, 발표자 1명, 질의 및 응답자 1명 등). • 발표자는 모둠별 평가 결과를 발표하고, 질문자는 다른 모둠 평가 결과에 대해서 다른 의견이나 궁금한 점을 질문한다.
전 개	토의 · 토론 사전 준비	• 주제 관련 내용을 보충 설명하고, 주제 다시 안내하기 • 주제 안내 시 실습(시공)할 내용과 순서, 사용할 공구와 사용법을 설명하도록 하며, 실습 시에 지켜야할 안전수칙과 공구를 사용할 때의 유의사항을 구분하여 5개씩 작성하도록 설명한다. • 포스트잇에 작성 안내 및 유의사항 안내하기 • 개인별로 안전사항과 유의사항을 작성하도록 하며, 각각 5가지 이상씩 작성하도록 유도한다. • 조사에 필요한 서적(교과서, 공구사용법 등)을 제공하고, 인터넷 검색이 필요한 학생들에게 시간을 5분 이내로 제한하여 사용하도록 안내한다.
	토의 · 토론 활동	• 모둠별 토의 · 토론 활동하기 〈모둠별 토의 · 토론 진행 방법〉 • B4용지에 개인이 작성한 포스트잇을 일정한 규칙 없이 붙인다. • 모둠별 토의 · 토론을 통해서 포스트잇을 하위 주제별로 분류하고, 분류한 하위 주제의 이름을 부여한다. • 분류한 이름(하위 주제)별로 서로 다른 색의 포스트잇으로 구분하여 정리한다. ※ 모둠별 토의 · 토론 중에 교사는 순회하면서 서로 다른 색의 포스트잇을 나누어 주고, 하위 주제별 분류 시에 활용하도록 한다.
정 리	정리 및 발표	• 과제 결과를 종합 정리하여 모둠별 안전수칙 및 유의사항 제작하기 〈모둠 발표 진행 방법〉 • 도화지(B4)와 매직펜을 배부한다. • 토의 · 토론한 결과를 종합하여 모둠별 실습실에서 사용할 안전수칙 및 유의사항 게시판을 제작한다. • 제작한 게시판은 발표 자료로 활용한다.

(위 표의 우측 시간 표기: 토의·토론 사전 준비 15', 토의·토론 활동 25', 정리 및 발표 25')

	• 과제 결과를 모둠별로 발표하기	
	〈모둠 발표 진행 방법〉 • 임의 2~3개 모둠을 선정하여 발표한다. • 모둠별 발표자는 3분 발표, 질의응답은 2분 내로 한다.	
평가 및 마무리	• 우수 학생과 모둠 칭찬하기 – 교사가 선정한 모둠과 개인 학생을 발표하고 칭찬한다. – 학생들이 선정한 모둠과 학생에게 발표하고 칭찬한다. • 평가지 작성 및 수업 마무리하기 – 활동지의 제시된 모둠원 평가를 실시한다. – 교사는 토의 · 토론 내용을 요약하여 정리한다.	15‘

5) 교수·학습 자료

① 활동지

( )모둠 성명: ( )

1. 과제(주제)
   ☞ 전기 배관 시공 실습할 때, 우리가 실습실에서 지켜야 할 안전수칙은 무엇이 있을까요?
   ☞ 전기 배관 시공 실습에서 공구를 사용할 때의 유의사항은 무엇이 있을까요?

2. 우리 모둠원 상호 평가

모둠원 이름	평가 항목	평가 등급		
		상	중	하
	개인의 의견을 포스트잇으로 적극적으로 제시하였나요?			
	토의·토론 활동에 적극적으로 참여하였나요?			
	친구 간에 의사를 존중하고 서로 도우며 참여하였나요?			
	개인의 의견을 포스트잇으로 적극적으로 제시하였나요?			
	토의·토론 활동에 적극적으로 참여하였나요?			
	친구 간에 의사를 존중하고 서로 도우며 참여하였나요?			
	개인의 의견을 포스트잇으로 적극적으로 제시하였나요?			
	토의·토론 활동에 적극적으로 참여하였나요?			
	친구 간에 의사를 존중하고 서로 도우며 참여하였나요?			
	개인의 의견을 포스트잇으로 적극적으로 제시하였나요?			
	토의·토론 활동에 적극적으로 참여하였나요?			
	친구 간에 의사를 존중하고 서로 도우며 참여하였나요?			

3. 오늘의 MVP.
   ☞ 모둠원 중에서 토의·토론 활동에 가장 모범적으로 참여한 모둠원은 누구인가요?
   ( )

V

NCS 기반
문제해결법과 실제

1. 문제해결법의 개요
2. 문제해결법의 교수·학습 모형
3. 문제해결법을 활용한 NCS 기반 교수·학습 전략
4. 문제해결법의 NCS 교수·학습의 실제

문제해결법의 개요

가. 문제의 개념

문제라는 용어는 '앞으로 던진다'라는 그리스어인 'problema'에서 나온 것이다. 듀이의 경우 문제를 곤란(difficulty)으로 표현하였다. 문제는 새로운 사태에서 우리에게 생긴 의혹, 곤란 및 장애를 의미하기도 한다. 교육학에서는 '학습자 앞에 해결을 위하여 던져진 의문'을 뜻하기도 한다.

문제에 대한 여러 학자의 견해를 종합하면 다음과 같다(Waetjen, 1989).

① 문제는 개인이 해결하려는 목표나 결론이다.
② 문제는 개인이 목표를 성취할 수 없을 때 경험하는 갈등의 형태이다.
③ 문제는 개인이 목표를 달성하기 위하여 대안이나 새로운 길을 모색하는 행위이다.
④ 문제는 새로운 길을 모색하나 전략이 완전히 새로운 것이 아니고 그 안에 새로운 요소가 있다.

결국, 문제는 갈등이나 곤란을 경험하지만, 목표를 성취하기 위한 출발점이라는 것을 알 수 있다.

교수·학습 방법 측면에서 문제해결법은 이러한 문제를 발견하고, 그 문제를 중요하게 여기고 연속적으로 사고하는 듀이의 반성적 사고(reflective thinking)에 그 뿌리를 두고 있다. 듀이의 반성적 사고는 일상생활에서 다양한 문제 상황에 직면하고, 그 문제 상황을 해결하기 위하여 다양한 대책을 연구하고 실현해 보는 끊임없는 과정에서 발생한다고 한다. 그 과정을 추상화시켜 보면 문제 인식, 단정적 가설의 형성, 현 상황 조사, 가설 설정, 가설 검증 등으로 나타낼 수 있다.

나. 문제의 유형과 구조화

1) 문제의 유형

문제의 유형은 창조적 문제, 귀납적 문제, 판단 문제, 추리 문제로 나눌 수 있으며, 구체적인 내용은 다음과 같다.[1]

① 창조적 문제(creative problem): 창조적인 문제를 해결하기 위해서는 특수 상황에서 학생들이 지니는 지식을 적용하여 실현하는 능력이 필요하다.
② 귀납적 문제(inductive problem): 귀납적 문제를 해결하기 위해서는 미지의 사실이나 원리를 발견하는 능력이 필요하다.
③ 판단 문제(judgement problem): 판단의 문제를 해결하기 위해서는 어느 것 (which), 무엇을(what), 어떻게(how)의 질문에 답할 수 있는 능력이 필요 하다.
④ 추리 문제(reasoning problem): 추리 문제를 해결하기 위해서는 논리적인 사고 능력이 필요하다.

2) 문제의 구조화

문제의 구조화는 잘 구조화된 문제, 반 구조화된 문제, 비 구조화된 문제로 나눌 수 있으며, 구체적인 내용은 다음과 같다.[2]

---

1) 류창열(2007). 기술교과 교수법. 충남대학교 출판부. p. 194.
2) 류창열(2007). 기술교과 교수법. 충남대학교 출판부. p. 195.

① 잘 구조화된 문제(well-structured problem): 비교적 제한된 해답만이 가능하도록 해결할 문제를 한정시킨 것이다. 한 가지의 해답을 찾는 경우, 잘 구조화된 문제를 선정한다. 또한, 수렴적 사고에 의해 문제가 해결되기도 한다.

② 반 구조화된 문제(semi-structured problem): 반 구조화된 문제는 몇 개의 해결방안이 존재하도록 구조화시킨 경우이다.

③ 비 구조화된 문제(ill-structured problem): 여러 가지 해결방안이 존재할 수 있도록 문제에 제한을 두지 않은 것으로 확산적 사고와 창조적 활동이 요구된다. 이와 같은 비 구조화된 문제는 다양한 해결방안을 찾기 때문에 수업 현장에서는 통제가 어려운 경우가 발생할 수 있어 주의가 필요하다.

다. 문제해결의 의의

문제해결에서 중요하게 고려해야 할 점은 '지식을 적용하여 문제해결로 이끌어가는 과정'이다. 우리는 일상적인 생활과 직업 상황에서 중요한 결정을 해야 할 경우가 많다. 이러한 결정 상황에서 어떤 목표나 요구에 도달하기 위하여 이루어지는 행동을 문제해결이라 한다.

합리적인 문제해결을 위해서는 누가 보더라도 수긍이 되어야 하고, 경제적이고, 시간이 오래 걸리지 않으며 가장 효과적으로 수행하는 방법을 찾아야 한다. 이러한 문제해결 과정은 최적의 선택을 하는 의사결정 과정이라고 할 수 있다. 직업계고의 전문교과 교육의 문제해결은 직업 상황의 기술적 문제를 상정하고, 이를 해결하는 과정에서 학생들에게 기술적 창조성과 문제해결력을 함양하는 목적으로 접근한다.

라. 문제해결법의 정의

문제해결법은 학생에게 개인이나 집단으로 문제를 부과하여 학생 스스로 문제를 해결하도록 한다. 문제해결법에서 교사는 필요한 경우에만 조력하도록 하여 학생이 문제를 스스로 해결하는 과정에서 학습이 이루어지는 교수·학습 방법이다(류창렬, 2006). 즉, 학생에게 문제를 부여하고, 그 문제를 해결하는 과정에서 이루어지는 교수·학습 방법이 문제해결법이다.

마. 문제해결법과 문제중심학습

문제해결법(problem solving method)과 문제중심학습(problem–based learning)을 구분 없이 사용하고 있으나 수업 과정, 문제의 종류, 교수의 역할 등에서 많은 차이점이 있다. 이에 관해서 다음과 같이 구분하여 설명할 수 있다.

1) 문제해결법

문제해결법을 활용한 교수는 문제해결의 과정에 초점이 있으며 개념의 이해(개념적 지식)는 부차적인 중요성을 가진다. 문제해결을 교수하려는 사람은 내용보다는 문제해결 자체에 초점이 맞춰진다. 문제를 인식하고, 해결방안을 구상하여 적용하고 평가하는 일련의 과정에 주 관심이 있다.

2) 문제중심학습

문제중심학습에서 해결할 문제를 제시하는 이유는 교과의 개념과 아이디어를 학생들이 이해하도록 하기 위한 것이다. 이 경우 문제해결의 실제적 과정은 중요하지 않다. 학생중심 접근에 의한 교육에서는 문제중심학습과 같은 교육학적 방법의 중요도는 높아진다. 그 이유는 학생이 능동적이어야 하고, 문제가 학습을 의미 있게 만들기 때문이다.

교사의 역할 역시 지식전달자가 아닌 튜터 또는 촉진자로 직접적으로 해결과정에 참여하는 것이 아니라 학습자의 토론과 비판적 사고를 촉진해야 한다. 또한, 학습자 위주의 평가를 시행하고, 그룹 수행을 원활히 유도할 수 있는 역량이 필요하다.

▌표 1 문제중심학습 수업의 장·단점

장점	단점
• 현장성 있는 학습 능력을 습득할 수 있다. • 업무 문제를 통해 직접 체험할 수 있다. • 문제에 대한 총체적인 과정 이해가 가능하다. • 학습자의 자율성과 능동적 능력 형성이 가능하다. • 협동학습을 통한 민주적 태도를 함양할 수 있다.	• 계통적 기초학력 형성이 어렵다. • 학습방향의 일관성 유지가 어렵다. • 노력에 비해 지적 성장이 비능률적이다. • 진보 발전하는 학문에 대한 빠른 학습이 어렵다. • 교과의 체계적 학습이 어렵다.

바. 문제해결법과 프로젝트법의 비교

문제해결법과 프로젝트법은 유사한 점이 많지만, 엄밀히 보면 공통점과 차이점이 있으며, 구체적인 내용은 다음과 같다.[3]

1) 문제해결법과 프로젝트법의 공통점

① 듀이의 반성적 사고에 기초하고 있다. 반성적 사고(reflective thinking)는 '성찰 활동을 반복적으로 수행한다'는 의미로, 부과된 문제의 해결을 위해 연속적으로 사고하는 활동을 뜻한다.

② 학습은 학생의 실천적 활동을 통해 이루어진다는 교육원리에 기반을 두고 있다.

③ 학생중심의 교수법이다.

④ 동질적인 학생은 물론 이질적인 학생을 대상으로 교수할 수 있다.

⑤ 개방적인 교육과정을 지향하며, 교과 통합적 활동, 학제 간 활동이 가능하다.

⑥ 지적, 정의적, 심동적 영역의 학습이 같은 과제활동을 통해 이루어진다.

⑦ 창조적, 문제해결 활동을 강조한다.

⑧ 학생을 개별 또는 집단으로 지도할 수 있다.

---

3) 류창열(2007). 기술교과 교수법. 충남대학교 출판부. pp. 197-198.

2) 문제해결법과 프로젝트법의 차이점

① 창의적인 문제해결법에서 다루어지는 문제는 구조화되지 않은 문제들이다. 반면, 프로젝트에서 다루어지는 문제해결은 고도로 구조화된 문제이다.

② 문제해결법은 문제를 해결할 수 있는 적응력을 키우는 데 주안점을 두고 실습실에서의 활동 경험과 성장 과정 등을 중요시하여 인간의 잠재력을 키워주는 데 목적이 있다. 반면 프로젝트법에서는 만든 제품의 결과를 중요 시한다.

③ 문제해결법은 오늘날 기술 사회에서 기술적 문제를 해결할 수 있는 활동이 주된 내용이다. 반면 프로젝트법은 산업과 관련된 물질과 과정 또는 공작 능력에 주안점을 둔다.

┃표 2 문제해결법과 프로젝트법의 비교[4]

구 분	문제해결법	프로젝트법
문제의 구조	• 구조화가 잘 안된 문제 (해결이 어려운 복잡한 문제)	• 고도로 구조화된 문제 (해결이 쉬운 단순한 문제)
강조점	• 결과보다 과정을 중시 (과정 지향적: process)	• 과정보다 결과를 중시 (결과 지향적: products)
교육과정	• 기술적 문제해결 (Technology)	• 산업과 관련된 공작 능력 (Industry)

---

4) 최유현(1995). 기술교과 교육에 있어서 기술적 교양 목표성취를 위한 문제해결 수업전략의 효과. 서울대학교 박사학위논문. p. 37.

2.

문제해결법의 교수·학습 모형

가. 문제해결법의 목표

문제해결법은 다양한 영역의 문제 상황에 적용할 수 있다. 전문교과 교육은 실천적이고 구체적이며 조작적인 성격을 가지기 때문에, 문제해결법을 적용하기에 적합한 분야이다. 이 분야에서의 문제해결법 활용은 학습자들의 흥미를 불러일으켜 학습자 자신의 현실 문제를 해결하기 위한 계획을 수립하고 실현하는 능력을 갖추는 데 중점을 두도록 한다.

문제해결법은 학습자들에게 다음과 같은 것들을 배울 수 있도록 해준다 (Breckon, Finney & Fowler, 1986).

① 문제해결을 통하여 학생의 지적 및 실습(실기) 능력을 적용할 수 있도록 격려하는 상황을 제공한다. 학생들은 문제해결에 적합한 재료와 기술을 사용하도록 연구, 분석, 아이디어의 생성과 선택을 하며, 나아가서 제작하도록 한다.
② 제작과 작품의 평가를 통하여 자신의 기술과 문제해결 방법을 검증할 수 있도록 한다.
③ 안전한 방법으로 재료와 생산 시스템을 이해하도록 한다.
④ 기술의 개념과 그의 적용방법에 대한 기본적인 이해력을 함양한다.
⑤ 언어, 시각, 문자, 숫자 등의 방법을 포함한 합리적인 방법을 적용한 설계, 제작, 평가 등의 활동에 대한 의사교환 능력을 함양한다.
⑥ 학생에게 창조적인 표현의 기회를 제공한다.
⑦ 수학, 과학, 미술 등의 과목에서 학습한 내용을 적용해 볼 수 있는 기회를

제공한다.

⑧ 기술교과에서 목표하는 관용, 협동, 인내, 감응, 수용, 동기 등의 속성을 개발할 수 있는 기회를 제공한다.

⑨ 제품의 설계와 제작을 통하여 미적 가치와 감상력을 함양한다.

⑩ 일에 대한 개인적 기준에 관한 태도를 함양한다.

⑪ 일상생활에서 사용하는 제품에 대한 관심을 가지도록 한다.

⑫ 제조 산업에 대한 관심과 흥미를 갖게 한다.

나. 문제해결법 적용 수업

문제해결법을 적용한 수업은 학습자에게 문제를 던져 주고 그것을 해결해 나가는 과정을 통해 학습이 이루어지게 하는 교수·학습 방법이다. 지식이나 기능의 습득뿐 아니라 학습자의 사고 과정을 중요하게 여긴다. 따라서 문제해결법을 적용한 수업을 통해 학습자들은 문제를 발견하는 능력, 문제를 분석하고 자료를 수집하는 능력, 자료를 비판하고 조직하는 능력 등을 종합적으로 배양할 수 있다.

문제해결법을 적용한 수업에서는 주로 학생들이 실생활에서 접할 수 있는 문

▍표 3 문제해결법 적용 수업의 장·단점

장점	단점
• 학습자의 자율성을 기를 수 있다. • 실생활과 연계가 긴밀하다. • 학습자의 흥미에 부합한다. • 문제해결을 위해 적용했던 사실이나 지식은 실제 경험을 했기 때문에 오랫동안 망각되지 않는다. • 장차 직면하게 될 문제에 관하여 해결하는 태도를 기를 수 있다. • 도전적인 태도를 키워준다. • 학생으로 하여금 문제를 자립적으로 해결하는 기본 태도를 길러준다.	• 학습자 수준에 맞는 문제를 찾기가 쉽지 않다. • 비교적 많은 시간이 필요하다. • 자유로운 활동을 보장해야 하므로 학습자들의 활동을 관리하기가 어렵다. • 교사의 철저한 사전 계획이 필요하다. • 문제를 해결하는 과정에서 필요한 학습 자료를 갖추기가 어렵다.

제를 제시하게 된다. 다른 수업에 비해 학생들의 흥미 유발이 쉬워 학생들의 자발적인 참여를 높일 수 있다. 문제해결을 위한 과정은 학생들의 실제적인 경험으로 이루어지기 때문에 오랫동안 학생들의 기억에 남으며, 이러한 연습을 통해 다른 문제 상황에 대해서도 도전적으로 해결하려는 태도를 기를 수 있다.

그러나 수업 상황에서 문제해결법을 활용하는 데 있어 모든 학생의 수준에 맞는 문제를 찾기 어렵고, 문제해결 과정상 시간적인 제약이 있으며, 학생들에 대한 통제가 어렵다는 단점도 가지고 있다. 이러한 특징 때문에 문제해결법을 적용한 수업은 다른 방법에 비해 철저한 사전 준비가 요구된다.

다. 문제해결법 적용 수업의 준비 원리

문제해결법을 적용한 수업에서 학습자의 수준을 고려한 문제를 준비하는 것이 매우 중요하다. 이를 위해 교사는 학습자들의 문제해결능력이 어느 정도인지, 그리고 학생들이 문제해결법을 적용한 수업에 대한 경험이 있었는지를 파악해야 한다. 도출된 문제는 학습자들이 친밀감을 가질 수 있도록 학습자들의 경험 또는 실생활을 고려하여 친숙한 용어로 진술해야 한다. 학습자들이 문제를 해결하는 과정에서 참고할 수 있는 지침이나 안내 자료를 준비해 두어야 원활한 진행이 가능하다.

문제해결법을 적용한 수업을 준비하기 위한 원리는 3가지가 있다.

① 학습자 수준에 알맞은 문제를 준비한다.

문제해결능력이 우수하고 문제해결법을 적용한 수업을 자주 접해 본 학습자들이라면 굳이 수업 시간에 다루게 될 문제를 구체적으로 제시할 필요는 없다. 이 경우, 수업에서 주제만 제시해도 학습자들은 스스로 문제를 발견하고 문제해결 과정을 진행해 나갈 것이다. 그러나 문제해결능력이 부족하거나 문제해결법을 적용한 수업 경험이 거의 없는 학습자들에게는 해결해야 할 문제를 구체적으로 제시해 주는 것이 좋다.

② 학습자의 학습 동기나 흥미를 유발할 수 있도록 문제를 각색한다.

수업 시간에 주어진 문제가 남의 일이 아니라 바로 나의 문제라는 생각을 가질 수 있도록 문제를 각색할 필요가 있다. 문제를 진술할 때 지명이나 인명을 모두에게 친숙한 것으로 바꾼다든지, 날짜를 현재로 바꾸어 진술할 수도 있다.

③ 문제해결에 필요한 자료를 준비한다.

학습자들에게 문제를 던져 주고 스스로 하라고 한다면, 학습자 대부분은 실패할 수 있다. 이를 방지하기 위하여 학습자에게 문제해결을 안내하는 지침서, 문제해결에 필요한 최소한의 안내 자료 등을 준비하도록 한다.

라. 문제해결법 적용 수업의 일반적 순서

① 문제를 파악하여 정의한다.

무엇이 문제인가를 파악하여 명료하게 정의하는 것이 중요하다. 문제를 정확하게 파악하여 정의하지 않으면 해결의 방향이 엉뚱하게 흐를 수 있기에 문제를 명료하게 정의하는 것이 기초가 되어야 한다. 문제 진술 시 다음 사항을 고려해야 한다.

• 문제해결의 목적은 무엇인가?
• 어떠한 상황이 그 문제를 일으키는가?
• 누가 또는 무엇이 그 문제에 영향을 받는가?

② 문제와 관련된 요인을 분석한다.

문제를 명확하게 정의한 후에는 문제에 수반되거나 관계되는 요인들을 파악해야 한다. 문제해결의 전제 조건, 해결방안을 찾기 위해 알아야 할 정보나 해결해야 할 조건 등을 찾아야 한다. 이러한 요인들이 분명하게 파악되어야 정보의 수집이나 문제해결이 용이하여진다.

③ 문제를 해결할 수 있는 해결책(정보)을 수집한다.

교사는 문제를 해결하기 위한 정보를 수집하기 위하여 학습자들이 이미 알지만, 문제해결에 필요하다고 생각하지 못하는 정보까지 이끌 수 있는 심화 질문과 토론을 활용해야 한다. 이미 알고 있는 정보 외에 더 알아야 할 정보가 있으면, 그와 관련된 '질문 목록'을 작성한다. 질문 목록이 완성되면, 그 질문들에 답을 얻을 수 있는 정보 수집 방법을 결정한다. 학습자들은 필요한 정보를 찾아내기 위하여 많은 학습 자원을 사용할 뿐만 아니라, 전문가 또는 도움이 될 만한

다른 사람들과 상의할 수도 있다. 이러한 과정을 거쳐 수집한 많은 양의 정보를 조직적으로 정리한다. 이렇게 정보를 수집 정리해 두면 학습자들이 그 문제에 관한 해결 가능 방안을 쉽게 찾을 수 있다.

④ 수집한 해결책의 우선순위를 정하고 선택한다.

학습자들이 정보를 수집하고 정리하면, 교사는 학생들에게 문제해결을 위해 수집한 정보를 사용하는 방법을 지도한다. 어떤 문제의 해결방안을 토론하는 분위기를 조성하기 위해서는 다양한 기법이 사용될 수 있다. 학습자들이 정보를 획득하여 조직화한 다음에는 학생별로 임시 해결방안을 기록하여 목록을 작성하거나, 학급 구성원이 제안한 각 방안을 칠판에 기록하여 토론을 위한 기초 자료로 활용할 수 있다. 이를 통해서 도출된 해결방안에 대하여 우선순위를 정하고, 적용 가능성을 고려해서 최적의 해결방안을 선택한다.

⑤ 선택한 해결방안을 실행한다.

최적의 해결방안이 선택되면, 그것을 실제 상황에서 직접 실행해 볼 수도 있고, 해당 분야의 전문가와 상의를 하거나 집단 토론을 통하여 간접적으로 실행해 볼 수도 있다.

⑥ 실행한 결과를 평가한다.

교사는 문제해결 학습의 효과를 가장 효율적으로 평가할 수 있도록 사전에 평가 계획을 세워야 한다. 그리고 교사가 세운 평가 계획을 학습자들에게 안내하여, 어떤 기준으로 평가가 이루어지는지 학습자들이 알 수 있도록 한다. 또한, 평가 계획에 따라 실행 결과를 평가하고, 추후 피드백을 통하여 문제해결방안을 수정 보완한다.

마. 문제해결법 교수 · 학습 단계 모형

문제해결법을 적용한 교수 · 학습 단계 모형에 대해서 여러 학자들은(이상봉, 1990; 최유현, 1995; Britz & Richard, 1992; Meys etal, 1992)은 4단계 모형으로 제안하였다. 구체적인 내용은 다음과 같다.

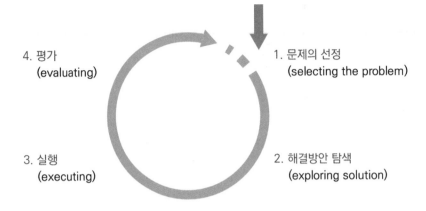

4. 평가
(evaluating)

1. 문제의 선정
(selecting the problem)

3. 실행
(executing)

2. 해결방안 탐색
(exploring solution)

▲ 그림 1 문제해결법 4단계의 순환적 루프 모형

출처: 류창열(2007). 기술교과 교수법. 충남대학교 출판부.

1) 제1단계: 문제의 선정(selecting the problem)

문제를 확인하고 선정하는 단계이다. 이 단계에서는 학생들이 문제의 본질을 충분히 인식해야 한다. 학생 자신이 문제를 발견하고 선택하거나 교사가 문제를 제시하고 설명하여 학생들이 문제를 충분히 파악하도록 해야 한다. 학생들이 문제를 자기 것으로 알고, 끝까지 흥미를 갖고 해결하기 위해서는 가능한 학생 자신들이 스스로 문제를 선택하도록 한다.

이 단계에서는 학생들의 능력 수준, 문제해결을 위한 자료 수집 가능 여부, 교육과정 관련 여부 등을 검토해야 한다. 교사는 학생들의 능력에 적합한 문제를 선정할 수 있도록 지도해 주어야 한다.

2) 제2단계: 해결방안 탐색(exploring solution)

문제의 해결방안을 찾아보는 단계이다. 이 단계에서는 수집된 자료를 분석하고 종합하여 몇 가지 해결방안을 선정한다. 이 선정 기준은 목적 달성 가능성, 해결방안의 적합성, 경제성, 효율성 등이 있다. 몇 개의 해결방안 중에서 선정 기준에 가장 적합한 방법을 채택하며, 채택된 해결방안은 학생들의 의견을 반영하여 검토, 수정, 보완한다.

즉, 문제가 결정되면 문제의 종류나 성질에 따라서 소집단으로 나누어 문제를 어떻게 해결할 것인가에 대한 계획을 수립한다. 계획은 어떠한 자료를 어떠한 순서에 따라 수집하고, 그것을 어떠한 방법으로 전개할 것인가 등의 내용으로 수립한다. 문제해결에 필요한 자료는 참고문헌, 실험 결과, 실측결과, 사물관찰 등을 수집하고 조사를 한다.

3) 제3단계: 실행(executing)

문제의 해결방안을 실행하는 단계이다. 이 단계에서는 전 단계에서 선택한 해결방안을 적용하여 문제를 해결한다. 목적을 실현하기 위하여 계획을 실행으로 옮기는 단계로서 학습자들이 가장 흥미로워하는 단계이다.

교사는 학습자들의 창의성을 존중하고 학습이 원활하게 이루어지도록 환경을 만들고 학습자들이 끈기 있게 활동을 계속하도록 조력하여야 한다. 교사는 학습자들의 해결 활동을 주의 깊게 관찰하고 필요한 경우 조언을 하며 가능한 한 많은 자료를 활용하도록 격려한다. 학습자들의 작품이나 활동이 미흡하더라도 교사가 대신 하는 것은 바람직하지 않다.

4) 제4단계: 평가(evaluating)

학습한 결과를 발표하고 평가하는 단계이다. 이 단계에서는 학습한 결과를 소집단별로 발표하고, 발표 내용과 학습한 결과 등을 종합적으로 평가한다. 결과 발표 시, 발표하는 소집단은 각종 보조 자료를 준비하여 효과적으로 발표하고, 발표 후에 질의응답, 토의, 비판, 반성 등이 이루어지도록 한다.

문제해결법을 적용한 수업의 평가는 수행평가(performance assessment)를 주로 한다. 평가의 방법으로는 교사에 의한 평가인 포트폴리오 평가, 실기평가, 지필고사, 관찰법, 면담법 등이 있으며 그 외에 동료에 의한 평가와 자기평가도 이루어질 수 있다.

3. 문제해결법을 활용한 NCS 기반 교수 · 학습 전략

NCS 기반 교육과정에서는 NCS 능력단위를 교육훈련에서 학습할 수 있는 교재가 있으며, 교재는 NCS 학습모듈을 활용한다. NCS 학습모듈은 구체적 직무를 학습할 수 있도록 이론 및 실습과 관련된 내용을 상세하게 제시하고 있다.

NCS 학습모듈을 교재로 사용하는 수업에서 문제해결법을 활용한 교수 · 학습 전략은 NCS 학습모듈의 학습내용을 모두 학습한 후, 이를 종합한 문제를 해결하는 과정을 통하여 기술적 유기적 관계를 배울 수 있도록 하는 것이 바람직할 것이다. 아울러, NCS 기반 교육과정에서 문제해결법을 교수 · 학습 방법으로 적용하고자 할 때, 4단계로 교사의 역할과 학생의 활동을 제시하면 다음과 같다.

가. 문제의 선정 단계

실습 과제로 주어진 문제를 이해하고 기록하는 단계로 이 단계에서 교사 및 학생의 역할은 다음과 같다.

1) 교사의 역할

① 학습목표를 확인하도록 한다.
② 문제를 진술한다.
③ 문제의 성격을 확인하고 적당한 모형을 선정한다.
④ 학습 형태를 결정한다(문제를 해결할 학습 집단의 규모).
⑤ 문제 상황을 조직하고 제시한다.
⑥ 학생들이 확인한 문제가 잘 진술되었는지 확인한다.

2) 학생의 활동

① 문제 상황을 제시받고 문제를 확인한다.

② 문제를 기록한다.

③ 구체적 문제로 나누어 기록한다.

나. 해결방안 탐색 단계

문제를 해결하기 위해서 자료를 모으고 좋은 방안을 모색하는 단계이다. 여러 가지 아이디어들을 자세히 기록하고 실습작품의 모양을 설계하고 필요한 재료 목록과 작업 순서를 기록해야 한다. 이 단계에서 교사 및 학생의 역할은 다음과 같다.

1) 교사의 역할

① 문제와 관련된 자료를 준비한다.

② 참고자료를 이용하는 방법을 안내한다.

③ 학생들의 계획 활동을 관찰하고, 간접적으로 도움을 준다.

④ 구상하는 방법과 제도의 일반 규칙을 알려 준다.

⑤ 재료 목록과 작업순서표의 양식을 설명한다.

⑥ 다양한 해결방안이 구상되도록 안내해 준다.

⑦ 해결방안을 확인하고 해결 가능성을 진단해 준다.

⑧ 도면을 확인하고 제품 제작에 무리가 없는지 조언해 준다.

2) 학생의 활동

① 학교 또는 가정에서 문제와 관련된 자료를 수집한다.

② 수집한 자료를 잘 정리한다.

③ 주어진 문제를 가지고 해결방안을 마련한다.

④ 해결에 도움이 되는 자료를 이용한다.

⑤ 경제성, 시설, 외관, 재료, 기능, 구조의 설계요소 등을 고려하여 제품을 구상한다.

⑥ 제품 도면을 그린다.

⑦ 소요재료 목록을 작성한다.

⑧ 개인 혹은 모둠별로 해결방안 혹은 제품 제작계획을 발표한다.

⑨ 수정이 필요한 부분을 수정하고, 최종적 해결방안을 수립한다.

다. 실행 단계

해결방안을 적용하여 실제로 만들어 보는 단계로 이 단계에서 교사 및 학생의 역할은 다음과 같다.

1) 교사의 역할

① 학생들의 해결 활동을 관찰하고 필요시 조언을 해준다.

② 필요한 기구, 공구, 재료 등을 마련해 준다.

③ 도면에 따라 정확하게 제작하는지를 관찰한다.

④ 안전사항을 전달하고 잘 준수하는지 관찰한다.

2) 학생의 활동

① 해결방안을 적용하여 문제를 해결한다.

② 결과를 정리한다.

③ 결론을 내린다.

④ 작업순서에 따라 재료, 공구 등을 준비한다.

⑤ 설계도면에 따라 제품을 제작한다.

⑥ 안전사항을 준수한다.

라. 평가 단계

각 단계와 결과를 평가하고 피드백하여 수정하는 단계로 이 단계에서 교사 및 학생의 역할은 다음과 같다.

1) 교사의 역할

① 학생들의 결과를 발표시킨다.

② 교사의 의견을 제시한다.

③ 확인문제를 제시한다.

④ 심화된 문제를 제기한다.

⑤ 제품의 도면을 보고 검사해 보고 동작을 시험한다.

⑥ 전체적으로 평가하고 수정·보완할 부분을 학생들이 발견하게 한다.

2) 학생의 활동

① 문제해결의 결과와 해결 과정의 느낀 점을 발표한다.

② 교사의 의견과 비교해 보고 결과를 보충한다.

③ 확인문제를 기록하고 문제를 풀어본다.

④ 문제를 응용하여 새로운 문제를 진술해 본다.

⑤ 제품의 도면을 보고 검사하고 친구의 것과 비교해 본다.

⑥ 다른 모둠의 작품도 전체적으로 평가한다.

나승일(2015)은 문제해결법을 적용한 수업 시 발생할 수 있는 문제점과 해결방안을 다음과 같이 제시하였다.

<u>첫째, 교사가 문제해결법을 적용한 수업의 경험이 없어 수업 진행 방법을 모르는 경우,</u> 교사는 문제해결법을 적용한 수업을 진행하기 이전에 다양한 교수법 관련 자료를 통해 수업에 대한 지식과 방법을 습득하고, 관련 수업 영상 자료를 찾아보고, 연수에도 참여하는 등 적극적으로 배우는 자세가 필요하다. 새로운 교수 · 학습 방법을 실천하고 있는 선배 교사의 조언을 구하여 함께 수업을 디자인하고 사전 연습 기회가 있어야 한다. 이를 통해 문제해결의 각 단계를 명확히 파악하여 문제해결법을 적용한 수업을 단계별로 이끌어가는 법을 터득해야 한다.

<u>둘째, 학습자들이 문제해결법을 적용한 수업을 어떻게 시작해야 하고, 어떻게 진행해야 하는지 모르는 경우,</u>

새로운 수업 방법을 활용하는 경우 경험이 없는 학습자들은 참여도가 떨어지게 되고, 스스로 문제를 해결해야 한다는 것에 조급함과 두려움을 가질 수 있다. 이를 극복하기 위해 교사는 수업 전에 충분한 오리엔테이션 과정을 학습자들과 가져야 한다. 그리고 문제해결법을 적용한 수업은 정답이 하나만 존재하는 것이 아니라 다양한 해결책이 있을 수 있음을 강조하여 자유롭게 접근할 수 있도록 한다. 문제해결의 과정은 우리가 세상을 살아가면서 계속 부딪히게 되는 삶의 연속임을 알려 주고 쉽게 접근할 수 있도록 안내해 주어야 한다.

<u>셋째, 학습자들에게 문제해결법을 적용한 수업에 대한 동기 유발이 어려운 경우,</u>

학습자들이 현실에서 자주 접할 수 있는 흥미를 느낄 수 있는 문제를 선정하는 것이 중요하다. 문제해결은 현실에 바로 적용할 수 있으므로 유용하며 문제해결의 과정을 통해 재미있게 어려운 문제를 해결한 사례를 충분히 보여줌으로 누구나 쉽게 참여할 수 있는 과정임을 설명하고 필요할 경우 해결 과정에 교사도 함께 참여하기도 한다.

---

5) 나승일(2015). 대학에서의 효과적인 교수법 가이드. 서울대학교출판문화원. pp. 198-199.

4. 문제해결법의 NCS 교수·학습의 실제

NCS 기반 교육과정의 실무과목 중에서 '타일석공시공' 과목을 대상으로 문제해결법을 교수·학습 방법으로 수업에 적용한 사례를 제시하면 다음과 같다.

가. 교육과정 분석

1) NCS 학습모듈의 위치 확인

다음은 타일석공시공 과목의 검사 보수 수업에 문제해결법을 적용하는 사례로서, 해당 단원의 학습모듈명이 어디에 위치하는지를 확인하는 사례이다. NCS 학습모듈의 위치는 대분류 건설, 중분류 건축, 소분류 건축시공, 세분류 타일석공시공, 능력단위 검사 보수, 학습모듈명 검사 보수임을 확인할 수 있다.

[NCS-학습모듈의 위치]

대분류	건설		
중분류		건축	
소분류			건축시공

세분류	능력단위	학습모듈명
건축목공시공		
조적미장시공	타일석공시공 도면파악	타일석공시공 도면파악
방수시공	타일석공시공 현장안전	타일석공시공 현장안전
타일석공시공	타일석공시공 계획수립	타일석공시공 계획수립
건축도장시공	작업준비	작업준비
철근콘크리트시공	바탕면 준비	바탕면 준비
창호시공	타일붙임	타일붙임
가설시공	석재붙임	석재붙임
수장시공	**검사 보수**	**검사 보수**
단열시공	청소·보양	청소·보양
지붕시공		
구조물해체		
강구조시공		

▲ 그림 2 NCS 학습모듈 위치의 확인

출처: 교육부(2018). 검사 보수(LM1403020408_14v2). 한국직업능력개발원.

2) NCS 학습모듈의 개요 분석

 NCS 학습모듈의 개요 부분에 제시된 학습모듈의 목표, 선수학습, 학습모듈의 내용 체계, 핵심 용어 등을 분석한다.

검사 보수 학습모듈의 개요

학습모듈의 목표

시공 품질, 품질 기준을 검사하고 보수할 수 있다.

선수학습

바탕면준비(LM1403020405_14v2), 타일붙임(LM1403020406_14v2),
석재붙임(LM1403020407_14v2)

학습모듈의 내용 체계

학습	학습내용	NCS 능력단위요소		
		코드번호	요소명칭	수준
1. 품질 기준 확인하기	1-1. 품질 기준 확인 1-2. 접착력 시험	1403020408 _14v2.1	품질 기준 확인하기	3
2. 시공 품질 확인하기	2-1. 시공 품질 확인 2-2. 부착상태 검사	1403020408 _14v2.2	시공 품질 확인하기	3
3. 보수하기	3-1. 하자 보수 3-2. 보수 계획 수립	1403020408 _14v2.3	보수하기	3

핵심 용어

석재 · 타일의 하자, 각종 접착재료, 줄눈재, 검사 체크리스트, 인발 검사, 들뜸, 균열, 보수 방법

▲ 그림 3 검사보수 학습모듈의 개요 확인

출처: 교육부(2018). 검사 보수(LM1403020408_14v2). 한국직업능력개발원.

3) NCS 학습모듈의 수행 준거 분석(실무과목의 성취기준 분석)

NCS 학습모듈의 수행 준거를 확인하여 건설 전문교과 교육과정 실무과목의 해당 부분 성취기준을 반드시 분석한다.

다음은 문제해결법으로 수업할 교육내용에 해당하는 능력단위요소는 '보수하기(1403020408_14v2.3)'이며, 이 부분의 수행 준거 중에서 '3.1 설계도서에 따라 주위의 타 자재가 파손되지 않도록 보수할 수 있다.'를 문제해결의 주제로 선정하여, 본 절에서는 수업을 설계하는 내용을 제시하고자 한다. 단, NCS 학습모듈의 수행 준거는 실무과목의 성취기준과 같은 내용이기 때문에, 실무과목의 성취기준을 분석하는 것과 같은 내용이다.

분류번호: 1403020408_14v2	
능력단위 명칭: 검사 보수	
능력단위 정의: 검사 보수란 시공 품질, 품질 기준을 검사하고 보수하는 능력이다.	

능력단위요소	수행 준거
1403020408 _14v2.3 보수하기	3.1 설계도서에 따라 주위의 타 자재가 파손되지 않도록 보수할 수 있다. 3.2 설계도서에 따라 분진 · 소음을 방지할 수 있다. 3.3 하자에 따른 보수계획을 수립할 수 있다. 3.4 설계도서에 따라 동일자재 수급 계획을 수립할 수 있다. 3.5 설계도서에 따라 바탕면의 기능을 확보할 수 있다.
	【지 식】
	• 보수 방법 • 동일자재 수급 계획
	【기 술】
	• 하자 원인 파악 능력 • 공구 활용 능력 • 하자 검사 능력
	【태 도】
	• 주위 타 자재 파손주의 • 품질 향상의지 · 청결성 • 품질에 대한 책임의식

▲ 그림 4 NCS 학습모듈의 수행 준거와 실무과목 성취수준의 일치 여부 확인

출처: 교육부(2018). 검사 보수(LM1403020408_14v2). 한국직업능력개발원.

나. 수업 설계

앞에서 확인한 NCS 학습모듈 내용을 바탕으로 문제해결법을 적용한 수업의 교수·학습 과정안(수업 설계서)을 작성하면 다음과 같다.

대분류	중분류	소분류	세분류	내용영역	내용영역 요소	이수시간/능력 단위이수시간
건설	건축	건축시공	타일석공 시공	검사 및 보수하기	보수하기	8/34

학습모듈의 목표		시공 품질, 품질 기준을 검사하고 보수할 수 있다.
직업기초능력		의사소통능력, 문제해결능력, 자원관리능력, 수리능력, 정보능력
핵심 용어		석재·타일의 하자, 각종 접착재료, 줄눈재, 검사 체크리스트, 인발 검사, 들뜸, 균열, 보수 방법
교수·학습 방법		문제해결법
준비 물	재료·자료	설계도면, 시방서, 타일, 접착모르타르, 충전재, 코킹재, 고정철물
	기기	줄자, 레이저 레벨기, 수평기, 망치, 못, 톱, 주걱, 끌, 정, 샌드브러시
성취 기준	학습목표	1. 설계도서에 따라 주위의 타 자재가 파손되지 않도록 보수할 수 있다. 2. 다른 모둠의 작품을 문제해결의 목적과 비교하여 평가할 수 있다.
적용 문제		주어진 조건에 맞추어 모둠별로 계획을 세워 1200㎜×600㎜의 타일마감 벽체 공간을 타 자재가 파손되지 않도록 창의적인 방법으로 보수 공사할 수 있다.

단계	교수 활동	학습 활동
문제 선정	• 과제를 설명한다. • 문제해결 학습지를 나누어 준다. • 참고도서를 준비하고 이용할 수 있도록 도와준다.	• 과제를 이해하고 문제해결의 목표를 다시 자신들의 언어로 구체적으로 진술한다. • 과제를 해결하기 위한 아이디어를 찾는다.
해결 방안 탐색	• 문제해결방안을 모둠별로 협의하도록 지도한다. • 아이디어를 범주화하여 문제해결방안을 결정한 후 도면으로 표현하도록 지도한다. • 학생들이 역할 분담 및 실습 절차를 구체적으로 계획하도록 도와준다.	• 자신의 아이디어를 조원들에게 발표한다. • 아이디어 평가표를 조원들과 협의하여 작성한 후 최종안을 결정한다. • 최종 결정안은 도면으로 표현한다. • 조원들과 협의하여 역할 분담표를 작성하고 실습 절차를 결정한다.

실행	• 충분히 계획을 세운 뒤 실행에 옮기도록 지도한다. • 예상하지 못했던 문제점은 없는지 확인해 보도록 지도한다. • 학생들의 활동을 계속 모니터 하면서 협동하여 제작하는 것이 중요한 평가 대상임을 주지시킨다. • 과제의 조건과 성취기준을 다시 한 번 확인하여 제작하도록 지도한다. • 완성된 작품은 과제의 목표를 충족시킨 것인지 확인해 보도록 지도한다.	• 문제해결 학습지의 순서에 따라 실습을 진행하면서 예상하지 못했던 문제점은 없는지 확인한다. • 다른 학생들의 의견을 충분히 들으면서 과제를 해결해 나간다. • 제작하고 있는 작품이 조건(독창성, 기능성, 심미성, 경제성, 내구성, 정교성)에 맞는지 점검한다. • 완성된 작품이 학생들이 진술한 과제의 목표에 부합된 것인지 비교해 본다.
평가	• 완성된 작품을 모둠별 대표가 나와서 발표하도록 한다. • 작품이 과제의 목표에 부합한 것인지 학생들에게 평가해 보도록 지시한다. • 전체적인 작품평을 하고 수업을 마무리한다.	• 완성된 작품을 모둠별 대표가 발표한다. • 다른 조의 작품이 과제의 목표에 부합되지 않는 것은 없는지 평가해 본다. • 자기 조의 작품도 객관적으로 과제의 목표에 얼마나 달성한 것인지 평가해 본다.

다. 문제해결법의 단계별 교수 · 학습 활동 내용

위에서 제시한 교수 · 학습 과정안(수업 설계서)의 단계별 활동 내용을 구체적으로 제시하면 다음과 같다.

1) 문제의 선정 단계

① 학생들이 학습목표를 숙지할 수 있도록 제시한다.

본 수업의 학습목표 2가지를 모든 학생들이 인식할 수 있도록 제시한다.

② 문제를 진술한다.

교사는 학생들의 실제 생활과 관련이 있으면서 지금까지 배웠던 내용을 적용할 수 있는 흥미로운 주제를 선정한 후, 학생들이 해결할 수 있는 문제로 만들어 문장으로 제시한다.

③ 문제의 성격을 확인하고 적당한 모형을 선정한다.

문제는 몇 개의 해결방안이 존재하도록 구조화시킨 반 구조화된 문제로 볼 수 있다. 문제해결법의 일반적인 4단계 모형을 적용하여 해결하도록 안내한다.

④ **학습 형태를 결정한다**(문제를 해결할 학습 집단의 규모).

학습 형태는 기본적으로 4인 1조의 모둠을 편성하여 문제를 협력적으로 해결할 수 있도록 한다. 모둠의 크기에 관련해서 Alexopoulou & Driver(1996)는 두 명이 짝을 이루었을 때보다 4명이 한 조일 때, 불일치를 다루거나 견해를 타협하는 것이 상대적으로 쉽고, 학생들은 다른 구성원이 자신과 다른 견해를 가질 수 있음을 인정하게 되며, 정답을 찾기보다는 의미의 타협 쪽으로 주의를 돌리게 된다고 주장하였다. 소집단의 인원수가 5명 이상일 경우 무임 승차자(free rider) 효과가 발생하기 쉬우며 토론에서 합의점에 도달하기 어렵다고 한다(Chan & Galton, 1999).

⑤ **문제 상황을 조직하고 제시한다.**

교사에 의해 진술된 문제를 학생들의 언어로 문제 상황을 재조직하도록 안내한다. 즉, 이 문제는 무엇을 어떻게 하라는 것인지 학생들에게 기록하게 하고, 과제의 목표를 보다 명료하게 정의하도록 지도한다.

⑥ **학생들이 확인한 문제가 잘 진술되었는지 확인한다.**

모둠별로 문제가 명료하게 진술되었는지 교사는 순회하며 확인한다.

2) 해결방안 탐색 단계

① **문제와 관련된 자료를 준비하고 관련 자료를 제공한다.**

교사는 학생들이 문제를 해결하는 데 필요한 참고자료를 충분히 준비해 놓는다. NCS 학습모듈(실무과목) 및 관련 도서, 타일 보수 관련 도서, 동영상 자료,

인터넷 검색이 가능한 전자기기 등을 준비해 놓고 학생들이 스스로 정보를 찾을 수 있도록 안내한다.

② **참고자료를 이용하는 방법을 안내한다.**

참고자료는 언제든지 이용 가능하며 다른 모둠의 활동에 방해가 되지 않도록 질서를 지키고 소란스럽지 않게 모둠 활동이 이루어지도록 지도한다.

③ **학생들의 계획 활동을 관찰하고, 간접적으로 도움을 준다.**

해결방안 탐색이 가장 저조한 모둠에 먼저 찾아가서 무엇이 문제인지 조용히 관찰한다. 해결책을 제시하기보다는 적절한 질문을 던지거나 다른 모둠에서는 어떻게 진행되고 있는지 정보를 제공해 주어서 학생들 스스로 해결할 수 있도록 도움을 준다. 필요한 경우에는 어떤 정보가 어느 참고자료에 있는지 안내해 주어서 학생들이 참고도서나 자료를 스스로 찾아볼 수 있도록 지도한다.

④ **구상하는 방법과 제도의 일반 규칙을 안내한다.**

머릿속으로 생각한 바는 프리핸드 스케치로 표현하도록 안내하고, 어느 정도 구상이 되면 기초제도 시간에 배운 투상도나 투시도의 기법을 활용하여 제도 규칙에 따라 도면을 작성해 보도록 안내한다.

⑤ **재료 목록과 작업순서표의 양식을 설명한다.**

문제를 해결하기 위해서 작업 순서와 내용을 적어보도록 하고, 어느 정도의 시간이 소요될지 정한 후, 그 작업에 필요한 재료와 공구를 정리해 보도록 한다. 그리고 작업을 할 때 지켜야 할 안전수칙도 생각해보고 적을 수 있도록 지도한다.

⑥ **다양한 해결방안이 구상되도록 안내한다.**

문제해결의 아이디어는 모둠원 전체가 각자 생각해서 제시하도록 하고 다양한 해결방안 중에서 최선의 해결책을 선정하도록 지도한다. 이때, 다양한 해결책 중에서 일반적으로 디자인 선정 기준으로 사용하는 독창성, 기능성, 심미성, 기능성, 내구성 등을 비교해 보고 우선순위를 정하여 선정한다.

⑦ 해결방안을 확인하고 해결 가능성을 진단한다.

해결방안 중에서 실습실 상황에서 준비될 수 없는 재료나 공구들이 있다면 해당 목록을 학생들에게 안내해 주고 제한된 재료와 공구를 가지고 주어진 문제에 대한 해결방안을 찾아보도록 안내한다.

⑧ 제도 도면을 확인하고 제품 제작에 무리가 없는지 조언한다.

타일 보수 공사이므로 실제로 현장에서 적용이 가능한 도면인지, 너무 시간이 많이 소요될 내용은 아닌지 등에 대해 교사가 조언해 준다.

3) 실행 단계

① 학생들의 해결 활동을 관찰하고 필요시 조언한다.

역할을 분담하여 서로 협력하여 작품을 제작하도록 지도한다. 작업을 수행하면서 이상이 발생하였거나 궁금한 사항은 동료들과 충분히 상의한 후, 교사 자문이 필요한 경우 요청하도록 안내한다. 마감 시간을 확인하고 시간 내에 완성하도록 지도한다. 또 학생들에게 과제의 조건을 확인하고 목적에 부합되게 제작되었는지 점검하고 미흡한 부분을 적고 보완할 수 있도록 조언한다.

② 작품 제작에 필요한 기구, 공구, 재료 등을 마련한다.

작품 제작에 필요한 것은 미리 준비해 주고, 어느 곳에 가면 필요한 물품을 얻을 수 있는지 안내한다.

③ 제도 도면에 따라 정확하게 제작하는지를 관찰한다.

작품 제작의 판단 기준인 독창성, 기능성, 심미성, 경제성, 내구성, 정교성 등을 갖추었는지 수시로 점검하고 미흡한 부분은 보완할 수 있도록 안내한다.

④ 안전사항을 전달하고 잘 지키는지 관찰한다.

작품 제작에 필요한 다양한 기구와 공구를 사용하는 데 요구되는 안전수칙 및 유의사항을 학생들이 반드시 숙지하도록 안내한다. 특히 타일절단 기구를 사용할 때 안전보호장구를 잘 착용하고 수행하는지 관찰한다. 또 분진이 많이 발생하고 눈을 보호하기 위하여 반드시 안전모와 보안경, 마스크 등을 착용하고 실습할 수 있도록 지도한다.

4) 평가 단계

① 학생들의 결과를 발표시킨다.

소집단별 어떤 의도와 해결 방법을 가지고 문제를 해결해 나갔는지 발표한다. 발표 시간은 사전에 결정하고, 그 시간을 잘 지키도록 한다. 아울러, 발표 시 주의를 집중시켜 명료하게 할 수 있도록 한다.

② 교사의 의견을 제시한다.

각 모둠의 발표가 끝나면 먼저 학생들에게 그 모둠에서 배울 점을 찾아보도록 하고, 그 후에 미흡한 부분도 찾아보도록 한다. 그리고 최종적으로 교사가 모든 의견들을 종합하여 정리된 교사의 의견을 제시한다.

③ 자기평가를 해보도록 한다.

학생들이 자기평가를 주어진 체크리스트의 평가 항목에 따라 스스로 평가해 볼 수 있도록 안내한다.

④ 동료 평가지를 작성하도록 지도한다.

자기 모둠의 발표는 제외하고 다른 모둠의 발표 내용을 잘 듣고 항목에 따라서 동료 평가지를 작성할 수 있도록 지도한다.

⑤ 작품의 도면을 보고 의도된 계획이 어느 정도 반영되었는지 확인한다.

작품의 도면을 확인해 보고 처음 의도와 변경된 부분은 어디인지, 왜 변경하였는지 확인해 본다.

⑥ 전체적으로 평가하고 수정ㆍ보완할 부분을 학생들이 발견하게 한다.

마지막으로 학생들의 활동 소감을 들어보고 더 발전적으로 문제해결을 하기 위해서 수정 및 보완할 부분을 학생 스스로 찾아보도록 유도한다.

문제해결법 활동지 사례

문제해결 학습지

학과　　　학년　　반　　번　　이름

과제: 타일마감 벽체 공간을 타 자재가 파손되지 않도록 창의적인 방법으로 보수 공사할 수 있다.

문제상황
타일마감으로 시공된 화장실의 벽체 일부가 노후되어 타일이 떨어져 나가 보수가 필요하다. 하지만 타일공을 불러 보수 공사를 하려다 보니 벽 전체와 바닥타일 전체를 교체해야 한다고 하며, 인건비와 재료비가 예상보다 훨씬 많이 들어서 공사를 할 수 없는 상황이다. 마침 공업고등학교 건축과에서 타일석공시공 NCS 학습모듈을 모두 수료한 아들 ○○군이 학교에서 배운 다양한 타일붙이기 방법과 보수 방법을 활용하여 보수가 필요한 벽체의 일정 부분만 직접 시공해 보겠다고 자원했다. 보수해야 할 벽체의 크기는 1200mm×600mm이다. 필요한 공구 및 재료는 집에 없으므로 직접 준비해야 하고 부모님은 기존의 타일 벽체와는 구별되게 독창적이며 기능성을 갖추고 있을 뿐 아니라 보기에도 예뻐야 하고 튼튼하며 공사비가 적게 들어야 한다고 조건을 제시해 주셨다. ○○군은 혼자서 이 문제를 해결하기에는 어렵다고 판단하여 학교 친구들과 같이 이 문제를 해결하기로 하고 학교에 왔다.

1. 문제 선정하기

1) 이 과제는 무엇을 어떻게 하라는 것인지 다시 한번 여러분의 말로 적어 보자.

2) 이 과제의 목표를 모둠 구성원들과 토의한 후 구체적이며 명료하게 적어 보자.

2. 해결방안 탐색하기

1) 관련 정보를 수집해 보자(충분히 다양하게 조사해서 적을 것).
　　① 참고한 관련 웹사이트는?

　　② 참고한 관련 서적은?

2) 제작하고자 하는 타일마감 벽체의 모습을 자유롭게 그려보고 제작 방안을 적어 보자(필요시 뒷면 사용).

3) 친구들이 제시한 타일 가공 및 붙이기의 다양한 시공 방법 중에서 다음 기준에 따라 가장 적절한 해결방안을 선택해 보자.

평 가 기 준	아 이 디 어 의　순위					
	1방안	2방안	3방안	4방안	5방안	6방안
독 창 성						
기 능 성						
심 미 성						
경 제 성						
내 구 성						
나의 순위 합계						
모둠원들 전체 순위 총 합계						

4) 선택된 아이디어를 바탕으로 타일마감 시공 벽체의 도면을 그리고, 필요한 타일의 양을 산출해 보자.

<제작도면>

소요 타일 산출

5) 모둠 구성원들이 모두 공평하게 활동에 참여할 수 있도록 구체적인 계획 및 역할 분담을 다음 표에 작성하여 보자. (예: 타일량 산출, 재단, 가공, 타일붙이기, 자료 수집, 발표 등)

번호	이름	역할 분담 내용	비고
			조장

※ 역할은 구체적이고 명확하게 구분하여 적을 것, 비고란은 조장 및 특이사항을 기록하는 곳임
※ 역할이 한두 사람에게 집중되지 않도록 고르게 비중을 두어 분담할 것

6) 모둠별로 충분히 토의한 후에 실습 순서 및 내용, 예상 소요시간, 소요재료 및 공구, 안전수칙을 다음 실습계획서 양식에 적어보자.

실 습 계 획 서			
과 제 명:			
실습 순서 및 내용	예상 소요 시간	소요재료 및 공구	안전수칙

3. 실행하기

〈실현 단계〉

1) 계획에 따라 안전수칙을 준수하며 작업을 실행한다.

2) 역할 분담에 따라 서로 협동하여 작품을 제작한다.

3) 작업을 수행하면서 이상이 발생하였거나 궁금한 사항은 동료들과 충분히 상의한 후, 필요한 경우 교사의 자문을 요청한다.

〈완성 단계〉

1) 마감 시간을 확인하고 최대한 시간 내에 완성하도록 노력한다.

2) 과제의 조건을 확인하고 목적에 부합되게 제작되었는지 점검하고 미흡한 부분을 적고 보완한다.

3) 독창성, 기능성, 심미성, 경제성, 내구성, 정교성 등을 갖추었는지 점검하고 미흡한 부분을 적고 보완한다.

4. 평가하기

1) 실습 결과를 모둠별로 발표한다.

2) 자기 모둠 및 다른 모둠이 발표한 것을 듣고 평가한다.

평가 요소	참여 여부			
	YES	배점	NO	배점
나는 문제해결 수행 계획 시 아이디어를 내었는가?	☐	2	☐	1
나는 협동하여 문제해결 과제를 제작하였는가?	☐	2	☐	1
나는 우리 모둠이 만든 작품이 조건에 맞는지 스스로 점검해 보았는가?	☐	2	☐	1
나는 다른 모둠의 작품에 평가의견을 제시하였는가?	☐	2	☐	1
나는 문제해결 학습지를 스스로 세밀하게 작성하였는가?	☐	2	☐	1

목표에 도달하지 못했다면 원인 및 이유는 무엇 때문이라고 생각하는가?	내용 작성 시 1점, 미 작성 시 0점
가장 어려웠던 점은 무엇인가?	내용 작성 시 1점, 미 작성 시 0점
실습 후 소감을 적어 보자.	내용 작성 시 1점, 미 작성 시 0점

발표 내용과 작품 완성도에 대한 평가는 동료 평가도 같이 진행한다. 이때 자기 모둠은 제외하고 다른 모둠의 발표를 주의 깊게 관찰한 후 모둠원들이 상의하여 다른 모둠의 발표에 대하여 모든 구성원이 협력하여 참여하는지, 학습목표 및 주제에 적합한 내용인지, 작품의 목적에 맞게 완성하였는지, 발표 시간을 준수하는지, 설득력 있는지 등을 체크리스트로 평가하도록 한다.

평가 요소		1조		2조		3조		4조		5조	
		Y	N	Y	N	Y	N	Y	N	Y	N
		4	2	4	2	4	2	4	2	4	2
발표 내용 및 작품 평가	모든 구성원이 협력하여 참여하였는가?										
	학습목표와 주제에 적합한 내용을 표현하였는가?										
	작품은 목적에 맞게 완성하였는가?										
	발표 시간을 준수하였는가?										
	설득력 있는 내용으로 청중의 호응을 이끌어 내었는가?										
점 수											

영역	항목	채점기준	체크	배점
문제 선정 능력	문제의 의미를 자신들의 언어 로 재구성하여 진술했는가?	문제를 완전히 이해하기 때문에 쉽게 진술했다.	☐	4
		문제를 이해하지만 진술된 설명이 불충분했다.	☐	3
		문제에 대한 이해 부족으로 설명이 불충분했다.	☐	2
		문제를 이해하지 못해 설명하지 못했다.	☐	1
	과제의 목표를 서로 토의한 후 구체적이며 명 료하게 진술했 는가?	과제의 목표를 구체적이며 명료하게 진술했다.	☐	4
		과제의 목표를 구체적이며 명료하게 진술하지 못했으 나 구성원들은 이해했다.	☐	3
		과제의 목표를 진술했으나 구성원들이 이해하지 못했다.	☐	2
		과제의 목표를 진술하지 못했다.	☐	1
해결 방안 탐색 능력	구성원들의 아 이디어를 응용 해 새로운 아 이디어를 제시 했는가?	아이디어가 새롭고 독창적이었다.	☐	4
		아이디어는 있지만 새롭거나 독창적이지 못했다.	☐	3
		기존의 아이디어를 변화시켰다.	☐	2
		새로운 아이디어가 없었다.	☐	1
	구성원들끼리 새로운 아이디 어를 얼마나 받 아들였는가?	진지하게 새로운 아이디어에 대한 의견을 주고받았다.	☐	4
		의견을 주고받았으나 새로운 아이디어는 없었다.	☐	3
		새로운 아이디어에 대한 의견을 주고받지 않았다.	☐	2
		잡담하며 시끄러웠고, 토의가 없었다.	☐	1
	과제를 해결하 기 위해 얼마나 집요하게 집착 했는가?	호기심과 흥미를 가지고 끈질기게 집착하여 과제의 해결책을 개발했다.	☐	4
		호기심과 흥미를 가지고 집착했으나 해결책 개발이 부족했다.	☐	3
		호기심과 흥미는 있으나 끈질긴 집착력이 부족했다.	☐	2
		과제를 해결하려고 하지 않았다.	☐	1
	과제를 해결하 기 위해 새로운 것에 얼마나 도 전했는가?	열의와 도전 정신을 가지고 새로운 해결책을 탐색하고 개발했다.	☐	4
		도전 정신은 있으나 새로운 해결책을 탐색만 했다.	☐	3
		열의는 있으나 도전 정신 부족으로 새로운 해결책을	☐	2

영역	항목	채점기준	체크	배점
		탐색하지 못했다.		
		열의와 도전 정신 부족으로 기존의 방법을 벗어나지 못했다.	☐	1
	생각해낸 아이디어나 해결책을 다양한 기법으로 표현했는가?	과제의 해결책을 도면과 프리핸드 스케치, 해설 등 2가지 이상의 다양한 기법으로 표현했다.	☐	4
		과제의 해결책을 학습지에 1가지 방법만으로 표현했다.	☐	3
		과제의 해결책을 학습지에 표현하지 못하고 말로 설명했다.	☐	2
		과제를 해결책을 표현하지 못했다.	☐	1
실행능력	예상하지 못했던 문제를 발견하고 해결했는가?	계획 시 예상하지 못했던 문제를 발견하여 해결했다.	☐	4
		계획 시 예상하지 못했던 문제를 발견했지만 해결하지 못했다.	☐	3
		계획 시 예상하지 못했던 문제가 있었지만 발견하지 못했다.	☐	2
		실현할 수 있는 계획을 하지 못했다.	☐	1
	과제 실현을 위해 얼마나 구체적으로 계획했는가?	만들고자 하는 작품의 실현 계획을 구체적으로 열거했다.	☐	4
		만들고자 하는 작품의 실현 계획을 세웠지만 구체적이지 못했다.	☐	3
		만들고자 하는 작품의 실현 계획이 부족했다.	☐	2
		만들고자 하는 작품의 실현 계획을 세우지 못했다.	☐	1
	구성원들끼리 협동하여 과제를 제작했는가?	구성원 모두가 협동하여 작품을 완성했다.	☐	4
		구성원 모두가 협동하여 작품을 제작했지만 완성하지 못했다.	☐	3
		구성원 일부만이 작품을 제작했다.	☐	2
		작품을 만들지 않았다.	☐	1
	구성원들은 각자 맡은 일에 최선을 다했는가?	구성원 각자의 역할이 있고, 자신의 일에 최선을 다했다.	☐	4
		구성원 각자가 열심히 참여했지만, 역할 분담이 명확하지 않았다.	☐	3
		구성원의 일부는 자신의 역할을 하지 않았다.	☐	2
		구성원들의 대다수는 자신의 역할을 하지 않았다.	☐	1

영역	항목	채점기준	체크	배점
실행 능력	얼마나 숙달된 자세로 도구를 다루었는가?	도구를 안전하고 능숙하게 다루었다.	☐	4
		도구를 안전하게 사용했지만 능숙하게 다루지 못했다.	☐	3
		도구를 안전하게 사용하지 않았고 능숙하게 다루지도 못했다.	☐	2
		적절한 도구를 사용하지 못했다.	☐	1
	개발된 아이디어에 따라 얼마나 적절하게 재료를 사용했는가?	제작 도면에 따라 적재 적소에 재료를 사용했다.	☐	4
		제작 도면에 따라 재료를 사용했지만 일부에서 적합하지 않았다.	☐	3
		제작 도면이 불완전하여 재료를 필요 이상으로 사용했다.	☐	2
		재료를 사용조차 못했다.	☐	1
	얼마나 간단하며 세련되게 과제를 제작했는가?	제작된 작품이 간단하면서도 조화롭다.	☐	4
		제작된 작품이 조화롭지만 복잡했다.	☐	3
		제작된 작품이 복잡하고 지저분했다.	☐	2
		작품이 미완성되었다.	☐	1
	제작된 작품은 독창적인 것인가?	제작된 작품은 창조적인 상상력이 결합되어 독창적이다.	☐	4
		제작된 작품은 새롭지만 독창적인 상상력이 부족하다.	☐	3
		제작된 작품은 기존의 모습에 몇 가지 요소를 추가한 것이다.	☐	2
		제작된 작품은 기존의 모습을 그대로 모방했다.	☐	1
	제작된 작품은 기능성을 갖추고 있는가?	제작된 작품은 사용하기에 편리하도록 합리적인 구조로 되어있다.	☐	4
		제작된 작품은 합리적인 구조이지만 사용자의 편의에 대한 고려가 부족하다.	☐	3
		제작된 작품의 구조가 합리적이지 못하다.	☐	2
		제작된 작품은 사용자의 편의를 전혀 고려하지 않았다.	☐	1
	제작된 작품은 심미성을 갖추고 있는가?	제작된 작품은 매우 아름답고 전체적인 조화를 이루고 있다.	☐	4
		제작된 작품은 아름답지만 전체적인 조화가 부족하다.	☐	3
		제작된 작품이 아름답지 못하고 조화롭지도 않다.	☐	2

영역	항목	채점기준	체크	배점
실행 능력		제작된 작품은 불쾌감을 갖게 한다.	☐	1
	제작된 작품은 경제적인가?	제작된 작품은 적은 재료를 사용하여 효율적으로 쉽게 완성할 수 있다.	☐	4
		제작된 작품은 효율적으로 완성할 수 있지만 재료를 절약하기는 어렵다.	☐	3
		제작된 작품은 완성하기까지 많은 시간과 노력을 필요로 한다.	☐	2
		제작된 작품은 많은 재료와 공정 때문에 전혀 효율적이지 못하다.	☐	1
	제작된 작품은 내구성을 갖추고 있는가?	제작된 작품은 구조적으로 잘 시공되어 매우 튼튼했다.	☐	4
		제작된 작품은 튼튼했지만 구조적인 낭비가 있었다.	☐	3
		제작된 작품은 구조적인 결함이 있었고 튼튼하지 못했다.	☐	2
		제작된 작품은 내구성을 전혀 갖추지 못했다.	☐	1
	제작된 작품은 정교함을 갖추고 있는가?	제작된 작품은 재료의 재단이 정교하여 전체적으로 흐트러짐이 없었다.	☐	4
		제작된 작품은 부분적으로 정교하지 못했다.	☐	3
		제작된 작품은 조잡했고 일부 접합부가 떨어졌다.	☐	2
		미완성된 작품으로 대부분의 접합부가 떨어져 평가할 가치를 못 느꼈다.	☐	1
평가 능력	소집단의 발표자가 작품을 기발하게 설명했는가?	발표자가 작품에 대하여 독창적인 방법으로 알기 쉽게 설명했다.	☐	4
		발표자가 작품에 대하여 설명했지만 평범했다.	☐	3
		발표자가 작품에 대하여 설명했지만 이해시키지 못했다.	☐	2
		발표자가 작품에 대하여 설명하지 못했다.	☐	1
	소집단은 과제 해결을 위해서 아이디어를 범주화했는가?	과제 해결을 위해 아이디어를 하나로 잘 묶었다.	☐	4
		과제 해결을 위해 아이디어를 묶는 과정이 있었다.	☐	3
		과제 해결을 위해 묶은 아이디어에 공통점이 없다.	☐	2
		과제 해결을 위한 아이디어를 묶는 과정이 없었다.	☐	1
	소집단의 구성	작품에 대하여 비판했고 그 이유를 잘 설명했다.	☐	4

영역	항목	채점기준	체크	배점
	원끼리 발표하는 조의 작품을 관찰하고 비판했는가?	작품에 대하여 비판했지만 설명이 부족했다.	☐	3
		작품에 대하여 비판적으로 판단하지 못했다.	☐	2
		작품에 대하여 관찰조차 하지 않았다.	☐	1
	소집단이 과제를 해결한 작품인지 확인했는가?	주어진 조건을 모두 만족시킨 작품임을 확인시켰다.	☐	4
		주어진 조건을 대부분 만족시킨 작품임을 확인시켰다.	☐	3
		주어진 조건을 일부 만족시킨 작품임을 확인시켰다.	☐	2
		작품이 없다.	☐	1
	학습지에 각 단계에 있었던 세밀한 부분까지 기록했는가?	학습지에서 작업의 과정과 결과에 대한 핵심을 알 수 있도록 잘 진술했다.	☐	4
		학습지에 작업의 과정은 표현되어 있지만 핵심적인 진술은 없었다.	☐	3
		학습지에 작업의 결과만이 서술되었다.	☐	2
		학습지를 기록하지 않았다.	☐	1

VI

NCS 기반 프로젝트
기반 학습과 실제

1. 프로젝트 기반 학습의 개요

진보주의의 대표학자인 존 듀이(J. Dewey)는 개인이 사회에서 겪는 경험으로 교육되어야 사회가 발전한다고 했으며 성장하면서 생활하고 경험을 재구성하며 사회적 과정을 갖게 되는 것을 교육이라 강조한다. 수업에서 학생이 유의미한 경험과 그 경험을 재구성하게 하고 사회적 과정을 이룰 수 있도록 하여 학생의 삶에 긍정적 영향을 미칠 수 있는 효과적인 교수·학습 방법 중의 하나가 프로젝트 기반 학습(PBL, project based learning)이다.

프로젝트 기반 학습(PBL, project based learning)은 교사와 학생이 학습 과정을 통해 의미 있는 프로젝트를 수행하여 결과물(products)을 만들어 내는 학습으로 프로젝트의 수행을 통해 교사가 제시한 학습목표에 도달하게 하고 아울러 인지적, 정의적, 심동적 영역의 성장을 기대할 수 있으며, 흥미와 동기 유발 등을 통해 학생이 자발적으로 프로젝트에 참여하게 하고 프로젝트가 끝까지 완수될 수 있도록 지도하는 교수·학습 방법이다. 프로젝트의 결과물은 유형 또는 무형의 결과물이 될 수 있으며, 프로젝트를 통한 성공적인 결과물도 교육적 의미가 있지만, 학생의 학습성장과 경험이 관찰되는 프로젝트의 수행 과정도 중요하게 다루어져야 한다.

가. 프로젝트 기반 학습의 특징

프로젝트 기반 학습은 스스로 생각하고 해결하고자 하는 것(project)을 정하고 구체적인 실천 과정을 통해 형상화된 결과물을 산출하는 과정에서 학생 스스로 계획을 세우고 수행하는 과정이며, 이러한 과정이 학습의 의미를 갖게 된다. 일반적으로 수업에 적용되는 교수·학습 방법에 비해 프로젝트 기반 학습의 특징은 다음과 같다.

① 학습 과정을 통해 무형 또는 유형의 학습 결과물이 산출된다.
② 학습자가 주도적으로 학습에 참여하게 된다. 학습자는 수행하고자 하는 과제를 스스로 선택하고 관련된 주제를 선정하게 되는 학습자 주도로 과제가 수행된다.
③ 실생활과 밀접한 내용을 적용한 학습으로 프로젝트의 주제는 실생활에 관계된 것으로, 구체적인 결과물이 될수록 학습이 효과적이다.
④ 프로젝트 기반 학습 수행 후 새로운 수업 방법, 전문 지식의 폭 확대, 산출물 생산 등에 따른 학습 태도의 변화와 작업 기능의 향상을 이루게 된다.

나. 프로젝트 기반 학습의 수업 설계 전략

1) 프로젝트 기반 학습 과정

프로젝트 기반 학습의 과정을 살펴보면, 어떤 결과물을 만들 것인가에 대한 주제를 선정하고 결과물을 만들기 위한 계획을 수립하고, 그 계획에 따라 과제를 수행하고 수행한 결과로 얻어진 결과물의 전시와 발표를 하게 되는 순차적 단계로 진행되는 것이 일반적이다.

▲ 그림 1 프로젝트 기반 학습의 과정

이러한 과정을 학생이 성공적으로 수행하기 위해서는 학습의 시작부터 마지막까지 교사가 학습에 대한 창의적 구상과 치밀한 계획을 하고 적절한 가르침

(teaching)과 수행 과정에서의 적절한 참여가 필요하다. 교사의 적절한 가르침과 학생 수행에서의 적절한 참여는 개별 학생 또는 모둠 스스로 수행해 낼 수 있는 능력을 향상할 수 있는 최소한의 지원이라 할 수 있다.

2) 교수 · 학습 전략

프로젝트 기반 학습에서도 수업의 효과를 높이기 위한 전략이 필요하다. 예를 들면 다음 그림 같은 프로젝트 기반 학습의 교수·학습 전략과 같이 교사는 프로젝트의 계획 단계에서 관련 학습내용을 분석하고 이를 토대로 추진 주제를 선정하고 원활한 학습의 진행을 위해 사전 작업이 필요하다. 또한 제반의 학습 여건과 환경을 고려하여 프로젝트 기반 학습을 준비하는 전략을 수립해야 한다.

프로젝트 기반 학습의 교수 · 학습 전략

① 프로젝트 계획
  • 내용(단원) 분석
  • 추진 주제 선정
  • 프로젝트 사전 작업
    － 모둠 구성 및 역할 분담
    － 세부 추진 계획 수립
② 프로젝트 준비
  • 교사 사전 준비 사항
  • 학생 사전 준비 사항
  • 학교 차원 사전 협의 사항
③ 기타

▲ 그림 2 프로젝트 기반 학습의 교수 · 학습 전략

이 수업에서의 교수·학습 전략은 수업 설계를 통해서 만들어진 학습 과정을 실제 수업에서 효과적으로 적용하기 위한 단계이다. 대부분의 프로젝트 기반 학습을 통하여 학습하고자 하는 내용은 다른 교과와 연관성이 있고, 같은 교과 간에도 긴밀한 협조가 이루어져야 한다. 예를 들면, 학습 주제의 특성에 따라 여러 과목이 함께 융합된 교육(STEAM)을 활용할 수 있다.

따라서, 프로젝트 기반 학습에 참여하게 되는 교과 담당 교사들과의 긴밀한 협의와 수업 운영과 관련된 정보를 공유하여 학습의 효과를 높이기 위한 일련의 활동이 매우 중요한 교수·학습 전략 중의 하나이다.

3) 학습지도 계획

프로젝트 기반 학습에서의 지도 계획은 다음 양식을 활용하여 작성할 수 있다. 프로젝트 기반 학습 기간에 따라서 주별 또는 일별 계획을 수립할 수 있다. 프로젝트 기반 학습은 최종 결과물도 중요하지만, 학습 과정도 중요하기 때문에, 학습이 진행되는 과정마다 학습자가 산출한 결과물(산출물)을 과정별로 정리해야 한다. 결과물은 프로젝트 수행 과정에서 산출될 수 있는 모든 것으로 활동 사진, 활동 영상, 각종 워크시트, 부분 결과물 등을 말한다.

학습지도 계획				
프로젝트 주제				
세부 주제	1)			
	2)			
	3)			
	4)			
주별 활동 세부 계획	주	세부 활동 내용	산출물(결과물)	양식
	1주			
	2주			
	3주			
	4주			
준비물				

▲ 그림 3 학습지도 계획

2. 프로젝트 기반 학습의 교수·학습 모형

2015 개정 교육과정의 핵심은 창의·융합적 사고 능력을 신장하는 데 있다. 이에 따라 교실의 수업이 일제학습으로 이루어진 교사 중심의 수업에서 배움이 학생으로부터 일어나는 학생 중심 수업으로의 전환을 요구받고 있다. 학생 중심 수업을 이루는 데에는 여러 가지 수업 모형을 활용할 수 있으나, 직업계고에서 추구하고 있는 교육의 본질에 수월하게 접근 가능한 수업 모형은 프로젝트 기반 학습(Project Based Learning)이다.

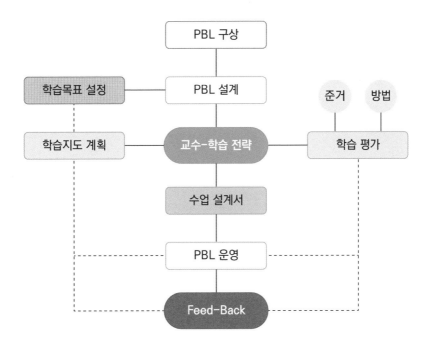

▲ 그림 4 프로젝트 기반 학습 개발 모형도

일반적인 수업의 경우, 교사가 수업을 준비하는 과정은 학습내용을 먼저 분석하고 교육과정과 연계하여 학습내용을 구조화하여 수업을 설계하는 과정을 거치게 된다. 프로젝트 기반 학습(이하 PBL, Project Based Learning)은 앞의 모형도에서 보여 주듯이 일반적인 수업의 준비 과정에서 볼 수 없었던 'PBL의 구상'과 'PBL의 설계 과정'이 포함된 것이 특징이다.

프로젝트 기반 학습 개발 모형도에서 'PBL 구상' 단계는 교사가 프로젝트 기반 학습을 준비하는 첫 번째 과정으로 학생이 수행해야 할 프로젝트(project)의 주제와 소재 등 학습 전체에 대해 구상한다. 'PBL 구상'을 바탕으로 수업을 설계하게 되는데, 이 단계를 'PBL 수업 설계'라 하였다. 수업 설계 시 학생이 성취해야 하는 학습목표를 설정하는 것이 매우 중요하다. 학습목표의 설정은 전체 수업을 설계하는 데 일관된 방향성을 갖게 해 준다. 전체적인 수업 설계가 완료되면 여러 가지 수업 환경을 고려하여 '교수·학습 전략'을 수립한다. 이후 학습목표를 보다 수월하게 성취하도록 '학습지도 계획'과 '학습 평가'에 필요한 평가준거와 방법을 결정하게 된다. 이런 과정을 통해 학생의 활동과 동시에 일어나는 교사의 활동이 드러나도록 '수업 설계서'를 작성하고, 이 설계서를 근거로 'PBL 운영'을 하게 된다. 좋은 학습은 수업의 전 과정에서 교사와 학생의 상호작용이 존재하여야 하며 교사는 학생에게 적절한 'Feed-back'을 해 줄 수 있도록 수업이 디자인되어야 한다.

3. 프로젝트 기반 학습을 활용한 NCS 기반 교수 · 학습 전략

가. PBL 구상

　PBL의 구상 단계에서 학습해야 할 내용에 부합하는 주제를 선정하게 되는데, 주제를 선정하기 전에 교사는 학생이 PBL을 완수할 때 산출되는 결과물을 착안하고 이와 관련하여 주제를 선정하게 된다. 교사가 선정한 주제는 학생들이 스스로 주제를 선정할 때 단서로 제공할 수도 있다. 선정된 주제로부터 산출되는 결과물은 유형 또는 무형의 소재가 활용되기 때문에, 교사가 학습에 사용될 소재를 설정하는 것은 PBL 구상 단계에서 중요한 활동 중의 하나이다.

　예를 들면, 학습해야 할 내용이 공업에서 사용되는 온도제어와 동작제어에 대한 것이라면, PBL의 소재는 '계란 부화기'로 설정할 수 있다. 계란이 부화되기 위해 일정한 온도를 유지해야 하고, 또한 일정 시간마다 계란을 움직여 주어야 하므로 온도제어와 동작제어 방법을 실전으로 학습할 수 있게 된다. 이와 같이 일상생활과 관련된 소재는 학생의 접근성이 뛰어나고 흥미를 유발하는 데 좋은 편이다.

　기업체 현장에서 요구하는 기술과 관련하여 직무분석을 통해서 프로젝트의 소재를 선택하는 것도 전문적 기술과 지식을 쌓는 데 도움이 된다. 이 밖에도 웹과 같은 정보를 얻을 수 분야에서 소재를 찾을 수 있다. PBL에 설정되는 소재는 교육과정에 따라서 유형 또는 무형의 것이 될 수 있다.

　교사는 다양한 분야에서 학생이 호기심과 흥미를 유발할 수 있는 프로젝트 소재를 찾을 수 있도록 다양한 시각과 관심을 가지고 있어야 한다. 다음 그림은 PBL 구상을 할 때 활용하는 work-sheet이다.

PBL 구상 work-sheet
① 교육과정 :
② 학습단원 :
③ 프로젝트 운영
④ 주제 정하기
⑤ 주제와의 학습내용의 연관성
⑥ 수업 환경 분석에 따른 프로젝트 운영 범위

▲ 그림 5 PBL 구상 work-sheet

NCS 학습모듈을 활용한 프로젝트 기반 학습에서 PBL 구상은 학습모듈의 근간이 되는 능력단위와 능력단위요소를 분석하고, 이들 간의 학습내용의 연관성을 고려하여 프로젝트의 소재를 구상한다. 구상 시, 프로젝트 소재는 NCS 학습모듈을 통해 학생에게 키워주고자 하는 핵심 역량을 포함하도록 한다.

예를 들면, NCS 학습모듈을 활용한 프로젝트 기반 학습을 위한 PBL 구상은 아래 그림과 같다. NCS 능력단위 분석을 통한 PBL 구상은 1개의 능력단위나 능력단위요소에서 프로젝트의 소재를 구상하거나, 2개 이상의 능력단위와 능력단위요소에서 프로젝트 소재를 구상할 수 있다. 구상 시에는 학습 환경과 학습 기간을 고려하여야 한다.

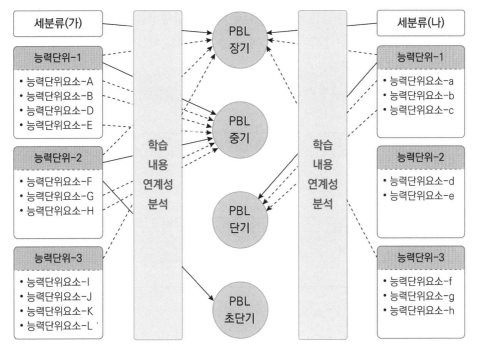

▲ 그림 6 NCS 능력단위 분석을 통한 PBL 구상

기간 측면에서는 3년 동안 운영하는 장기간 프로젝트 기반 학습도 가능하다. 3년간의 프로젝트 기반 학습으로 얻어진 결과가 학과에서 설정한 인력양성유형의 완성을 나타낼 수 있는 유형 또는 무형의 결과라면, NCS 기반 교육과정에서 입직 단계의 전문화된 능력을 함양하는 것과 같다고 볼 수 있다. 3년 동안 운영하는 프로젝트 기반 학습은 기초학습−모듈학습−프로젝트 기반 학습과 같이 학습의 순서와 위계를 두고 진행하고 학과뿐만 아니라 프로젝트의 주제, 실무교과 등과 관련된 NCS의 여러 가지 세분류의 내용이 포함될 수도 있다. 다만, 프로젝트 기반 학습을 처음 시도하는 경우에는 운영 기간이 짧고 주제가 복잡하지 않은 프로젝트를 구상하는 것을 권장한다.

나. PBL 설계

교사는 구상된 PBL 학습에서 학생이 성취할 학습목표를 설정해야 한다. 학습목표의 설정은 전체 수업을 설계하는 데 일관된 방향성을 가질 수 있기 때문이다. 구상된 PBL 학습은 NCS 기반 교육과정(또는 NCS 학습모듈)과 연계하여 창의적으로 수업을 설계한다.

PBL 설계는 다음 그림과 같은 PBL 설계서(1) 양식을 활용하여 작성한다.

PBL 설계서(1)

① 주제:
② 대상:　　　과　　　학년
③ 실무과목 연계

세분류	능력단위	능력단위요소		학습 요소
실무과목명	대단원	중단원	소단원	

- 교과 학습내용과 연관성
  -
- 직업기초능력 신장과 연관성
  -
- 기업체 요구 기술과 연관성
  -
④ 학습목표
  -
⑤ 학습 기간
  -

▲ 그림 7 PBL 설계서(1)

PBL 구상을 NCS 기반 교육과정과 연계하여 주제를 결정하는데, 주제는 개방형과 폐쇄형으로 구분할 수 있다. 저학년 학생과 같이 학습경험이 부족한 학생은 폐쇄형 주제를 제시해 주고, 고학년 또는 학습경험이 풍부한 학생은 개방형 주제를 제시한다. 개방형 주제는 폐쇄형 주제보다 창의적 사고를 유발하는 데 효과적이다. 수업 설계 시, 교사는 가급적 주제의 범위를 넓게 선정한다. 왜냐하면, 주제의 범위가 넓고 광범위한 경우, 학생들은 창의적인 사고 과정을 통하여 모둠별 주제를 선정할 수 있기 때문이다.

선정된 주제가 직업기초능력 신장과 기업체 요구 기술과의 연관성이 있다면 학습의 효과를 높일 수 있다. 또한, 학습목표는 명확하게 제시하고 선정된 주제에 따라 수행 결과까지의 모든 교수·학습 활동이 학습목표에 부합되어야 한다. 학습 기간은 진도 계획을 수립하는 데 기초자료가 되기 때문에 학사일정과 제반의 사항을 고려하여 결정한다.

다음 그림과 같은 PBL 설계서(2) 양식은 학생의 입장에서 프로젝트 기반 학습을 수행하는 순서와 과정을 제시한 것이다. 이 양식을 활용하여 수업 설계서를 작성하고, 활동할 수 있도록 한다.

PBL 설계서(2)

⑥ 학습 단계 설계
 - 모둠 세우기(모둠 세우기, 역할 분담, 미션 수행하기)
 - 주제 선정
 - 주제 발표
 - 수행 계획
 - 수행 계획 발표
 - 과제 수행
 - 문제해결
 - 결과 발표
 - 결과물 전시
 - 평가 및 Feedback

▲ 그림 8 PBL 설계서(2)

학습 단계는 '모둠 세우기 – 주제 선정 – 주제 발표 – 수행 계획 – 수행 계획 발표 – 과제 수행 – 문제해결 – 결과 발표 – 결과물 전시 – 평가 및 Feedback' 등의 순서로 이루어진다. 교사가 학생에게 주는 Feedback은 모든 학습 단계에서 이루어진다. 이 과정에서 교사는 모든 학습 단계에서 발생할 수 있는 문제점과 질문 내용 등을 예상할 수 있도록 시뮬레이션을 하여야 한다. 시뮬레이션의 경우, 교사 스스로 학습 단계를 학생의 입장에서 운영해 보면, 과정별 교사가 지원하고 가르쳐 주어야 할 내용을 쉽게 발견할 수 있다.

교사는 모든 학습의 단계를 거치면서 계획된 시간에 학생이 수행 과제를 마칠 수 있도록 시간과 제반 사항을 배려해 주어야 한다. 학습이 진행되는 동안 의도된 지식과 기술에 대한 학습도 중요하지만, 학습 주제에 따라 다양한 교수·학습 방법을 활용하여 학생중심 수업, 협동학습 등과 같은 창의력 및 사고력을 기를 수 있도록 한다. 모둠 구성은 협동학습 모형을 활용하면 효과적이다.

학습 단계별로 발표에 필요한 소프트웨어(예: PPT, Prezi, P-story 등)를 준비하고 이를 활용할 수 있도록 한다. 수행 과정 중에 발생하는 문제에 대해서 어떠한 과정을 통해서 해결할 것인지, 즉 문제해결능력을 향상할 수 있도록 수업을 설계하고, 직업기초능력도 함께 기를 수 있도록 수업을 설계한다.

다. 수업 설계

1) 수업 설계서

위와 같이 PBL 운영을 위한 설계가 이루어진 후, 아래 표와 같은 PBL 수업 설계서 양식을 활용하여 교수·학습 지도를 위한 수업 설계서(학습지도안)를 작성한다.

▌표 1 PBL 수업 설계서 양식

학습내용(학습모듈명/능력단위)		세부 학습내용(학습명/능력단위요소)		
학습목표				
교수·학습 방법	평가 방법			
직업기초능력				
단계	교수·학습 활동			시간 (hr)
	교사		학생	
도입				
전개				
정리 및 평가				

2) 평가

평가는 수행 결과에 대한 평가도 중요하지만, 수행 과정에 대한 평가도 중요하다. 수행 과정의 평가는 프로젝트 기반 학습에서는 NCS 학습모듈에서 제시한 다양한 평가 방법[1]을 활용하여 수행평가를 할 수 있다. 구체적인 내용은 다음과 같다.

▌표 2 NCS 학습모듈에서 제시한 다양한 평가 방법

평가 방법	내 용
포트폴리오	자신이 작성하거나 만든 작품을 지속적·체계적으로 모아 둔 개인별 작품집 또는 서류철을 대상으로 평가
문제해결 시나리오	문제해결능력의 획득을 두고 평가 대상자가 주체가 되어 문제해결을 위한 시나리오를 작성하여 해결에 이르는 과정을 평가
서술형 시험	주어진 주제나 요구에 대해 자유로운 형식으로 서술하여 평가
논술형 시험	주어진 과제를 논리적 과정을 통해 해결하고, 그 과정을 언어로 서술하게 하여 평가
사례연구	현재 진행 중이거나 유사한 이전의 사례들 중 하나 또는 그 이상을 선정하여 그 성공이나 실패 요인을 분석·적용하여 평가
평가자 질문	평가 대상자들에 대하여 얻고자 하는 자료나 정보를 질의응답을 통해 수집하여 평가
평가자 체크리스트 (직업기초능력, 직무수행능력)	많은 사항을 한눈에 알 수 있는 표를 만들어 평가 대상자의 과정이나 작업 결과를 확인해 가면서 평가
피평가자 체크리스트 (직업기초능력, 직무수행능력)	특정 주제에 대하여 학습 과정이나 작업 결과에 대해서 자기 스스로 자세하게 평가하도록 하는 평가
일지/저널	매일 또는 정기적으로 평가 대상자의 작업 과정이나 학습 결과를 기록하여 평가
역할 연기	평가 대상자들에게 가상의 문제 상황을 주고, 주어진 상황 속의 인물 역할을 대신 수행해 보도록 하는 평가
구두발표	특정 내용이나 주제에 대한 평가 대상자의 의견이나 생각을 발표하도록 하여 평가

---

[1] 2019 NCS기반 교육과정 평가 안내서. 교육부. p. 39.

평가 방법	내 용
작업장 평가	현장에서 일어나는 공정이나 일의 순서, 작업장 환경 등의 효과성 및 효율성 평가

NCS 기반 교육과정에서의 수행평가는 능력단위별 1회 이상을 실시해야 한다. 다음 표(PBL에서 NCS 학습모듈의 능력단위별 수행평가 예시)와 같이 프로젝트 기반 학습에서 NCS 학습모듈의 평가 영역, 평가 항목, 평가 요소, 평가 방법 등을 활용하여 능력단위별로 평가를 할 수 있다.

❚ 표 3 PBL에서 NCS 학습모듈의 능력단위별 수행평가 예시

영역	평가 항목	평가 요소	평가 방법	배점
실험 설계	실험 환경 분석	소요 실험 장치 및 기구 파악	포트폴리오 평가	10
		소요 시약 및 활용 자료 파악		
	실험 계획	실험 결과 도출 가능성		
		실험 방법의 적절성		
		실험 계획서의 명료성		
실험 과정	실험 준비	실험 장치 및 기구 준비	피평가자 체크리스트	4
		시약 및 활용 자료 준비		
	실험 수행	실험 방법 준수	작업장 평가	20
		실험 장치 및 기기 활용 능력		
		용액 제조 능력		
		측정 결과값 처리 능력		
	실험 태도	실험실 안전 및 정리정돈	자기평가 동료 평가	4
		협동심		4
실험 결과	실험 결과 보고서	실험 결과 보고서 구성 요소	보고서 평가	30
		실험 결과값 오차		
		정확도와 정밀도 산출 과정		
	실험 결과 해석	정확도와 정밀도 비교 분석	논술형 평가	10

영역	평가 항목	평가 요소	평가 방법	배점
직업 기초 능력	의사소통능력	실험 설계 도출, 실험 결과 해석	구두평가	3
	수리능력	기초연산, 기초통계	평가자 질문	3
	자원활용능력	시약 사용	관찰평가	3
	문제해결능력	실험 설계 및 실험 수행	작업장 평가	3
	자기관리능력			
	대인관계능력			
	정보활용능력	화학물질의 물리화학적 성질 조사	포트폴리오 평가	3
	기술능력	실험 장치 활용	작업장 평가	3
	조직이해능력			
계				100

다음 표는 프로젝트 기반 학습에서 학습내용(능력단위, 능력단위요소)에 적절한 평가 방법과 평가 시기를 수립한다.

▍표 4 PBL에서 NCS 능력단위 평가 계획

능력단위	능력단위요소	NCS 능력단위 평가 방법	평가 시기			
			3월	4월	5월	6월
시료전처리	시료의 특성 확인하기	구두발표		○		
		체크리스트 평가			○	○
		작업장 평가		○		
	전처리 준비하기	평가자 질문	○		○	
	전처리 실시하기	사례연구				○

다음 표의 예시와 같이 PBL에서 교사용 평가서와 학생용 평가서[2]를 활용하여 프로젝트 기반 학습에 대한 운영 단계별 평가를 할 수 있다.

---

2) 이영민(2017). 프로젝트 기반 학습의 실제. 한국직업능력개발원.

▍표 5 PBL에서 교사용 평가서

평가 요소		1조			2조			3조			4조			5조		
		상	중	하	상	중	하	상	중	하	상	중	하	상	중	하
주제선정	프로젝트 주제는 교과에 적합한가?															
	프로젝트를 수행 가능한 주제인가?															
	프로젝트 주제는 현실적이고 유용한가?															
	독창성을 발휘할 수 있는 주제인가?															
점수																
계획수립	수행 가능한 프로젝트 계획인가?															
	프로젝트 수행 계획은 체계적으로 수립되었는가?															
	프로젝트 수행 일정은 적절히 수립되었는가?															
	프로젝트 수행 시 필요한 장비나 도구 준비 계획은 수립되었는가?															
	조원들의 역할 분담 계획은 수립되었는가?															
점수																
프로젝트수행	계획에 따라 조원의 역할 분담대로 프로젝트를 수행하였는가?															
	계획의 일정대로 프로젝트를 추진하였는가?															
	수집된 자료를 충분히 활용하여 프로젝트를 수행하였는가?															
	프로젝트 수행 계획에 따라 장비와 재료, 공정을 활용하였는가?															
	프로젝트를 완성하였는가?															
점수																

평가 요소		1조			2조			3조			4조			5조		
		상	중	하	상	중	하	상	중	하	상	중	하	상	중	하
발표자료제작및발표평가	프레젠테이션 자료는 주제와 적합하게 제작되었는가?															
	적절한 매체를 선택하여 발표 내용을 잘 표현하고 있는가?															
	전체적인 맥락은 적합한가?															
	발표 태도와 음성은 적정한가?															
	용어는 적합하게 사용했는가?															
	발음은 정확하게 했는가?															
	발표 준비는 충분히 되었는가?															
점수																
포트폴리오	프로젝트 수행 과정에 따라 자료가 체계적으로 정리되었는가?															
	정리된 자료나 사진 및 그림 등이 프로젝트에 적합하게 되었는가?															
	수집한 자료나 사진 및 그림 등을 적절히 분석하고 종합하였는가?															
	프로젝트 주제에 맞도록 자료를 구성하였는가?															
점수																
제품평가	기능성은 뛰어난가?															
	견고하게 만들어 졌는가?															
	아름다운가?															
	제작비용은 경제적인가?															
	독창성이 있는가?															
점수																

평가 요소		1조			2조			3조			4조			5조		
		상	중	하	상	중	하	상	중	하	상	중	하	상	중	하
태도	참여는 적극적인가?															
	협력하여 프로젝트를 수행하였는가?															
	문제해결 과정이 도전적인가?															
	표현을 적절히 하는가?															
점수																
합계																

■ 표 6 PBL에서 학생 평가서

평가 요소		1조			2조			3조			4조			5조		
		상	중	하	상	중	하	상	중	하	상	중	하	상	중	하
발표 자료 제작 및 발표 평가	프레젠테이션 자료는 주제와 적합하게 제작되었는가?															
	적절한 매체를 선택하여 발표 내용을 잘 표현하고 있는가?															
	전체적인 맥락은 적합한가?															
	발표 태도와 음성은 적정한가?															
	용어는 적합하게 사용했는가?															
	발음은 정확하게 했는가?															
	발표 준비는 충분히 되었는가?															
점수																
포트폴리오	프로젝트 수행 과정에 따라 자료가 체계적으로 정리되었는가?															
	정리된 자료나 사진 및 그림 등이 프로젝트에 적합하게 되었는가?															
	수집한 자료나 사진 및 그림 등을 적절히 분석하고 종합하였는가?															
	프로젝트 주제에 맞도록 자료를 구성하였는가?															
점수																
작품 평가	기능성은 뛰어난가?															
	견고하게 만들어 졌는가?															
	아름다운가?															
	제작비용은 경제적인가?															
	독창성이 있는가?															
점수																
합계																

라. PBL 교수·학습 활동 내용[3]

PBL 교수·학습 활동 내용을 단계별로 제시하면 다음과 같다.

1) 도입 단계

가) 프로젝트 기반 학습 운영 과정 소개

- 학습 절차에 대해서 자세하게 설명하고, 학습 절차를 인쇄하여 학생들에게 배포한다.
- 학생이 작성하는 활동지를 설명한다.
- 프로젝트 보고서에 포함할 내용을 설명하면서 본 프로젝트가 학생 각자에게 소중한 경험이 됨을 인식시킨다.
- 교사는 프로젝트 수행에 관련된 기초 지식을 전달해야 하며, 프로젝트 수업을 수행하기 위해서 학생이 갖추어야 하는 수준을 명시해 주어야 한다.

나) 프로젝트 주제 및 학습목표 제시

- 교사는 주제를 제시하는 단계에서 주제를 정한 이유에 대해 학생들에게 설명해 주어야 한다. NCS 학습모듈에서 능력단위와 능력단위요소에서 제시하고 있는 학습의 내용과 프로젝트 기반 학습에서 주제와의 연계성을 설명해 주어야 한다. 또한 주제를 완성해 나가는 학습 과정에서 교사가 학생에게 가르쳐주는 부분의 한계와 학생이 스스로 학습하고 모둠별로 해결해야 할 부분을 명확히 설명한다.
- 프로젝트 기반 학습을 통해 무엇을 성취할 수 있는지 명확한 학습목표를 제시함으로써 학생들이 이 수업에 흥미를 갖도록 한다. 학습 종료 시 학생의 학습 도달 수준을 NCS 능력단위에서 제시하는 수행 준거, 즉 학습모듈의 학습목표와 연계하여 명시해야 한다.

---

3) 조경희·손호일(2010). 마이스터고 프로젝트 기반학습 교사 역량강화 연수 교재. 한국직업능력개발원.

다) 학습 동기 유발

- NCS 능력단위에서 제시하는 직무수행능력을 본 학습을 통해서 가질 수 있다는 확신을 갖도록 한다.
- 교사는 학생들이 주어진 과제에 대하여 흥미를 가질 수 있도록 설명한다.
- 프로젝트 과제와 관련된 자료 등을 보여주며 학습 동기를 유발시킴으로써 학습에 흥미를 갖도록 유도한다.

2) 프로젝트 준비 단계

가) 관련 지식 및 이론적 배경 학습

- NCS 학습모듈에서 제시하는 '필요 지식'의 내용 외에도 다양한 자료를 제공하고 가능한 학생 스스로 이론적 원리를 이해할 수 있도록 유도하여 학생의 창의 융합적 사고력을 신장하도록 한다.
- 모둠 학습의 장점을 활용하여 관련 지식 및 이론적 배경 학습의 효과를 높일 수 있도록 학습내용을 구조화하여 수업을 디자인한다.
- 다양한 멀티미디어 툴을 사용 또는 소개함으로써 학생의 수업 활동 다양성이 확보되도록 환경을 만들어 준다.

나) 관련 정보 탐색 안내

- 학습에 관련된 정보와 자료를 찾아볼 수 있도록 다양한 정보를 제공한다.
- 주제와 관련된 완성도 높은 자료를 학생들에게 보여주며, 학생 스스로 호기심이 생길 수 있도록 적당한 정보를 제공한다.

3) 프로젝트 학습 전개 단계

가) 프로젝트 수행 계획 단계의 교수·학습 활동

① 모둠 구성하기

- 학생 중심 수업이 될 수 있도록 협동학습 기반의 모둠 세우기를 활용하고,

모둠원 간, 모둠과 모둠 간, 학생과 교사 간 등에서 래포 형성이 충분히 이루어지도록 한다. 프로젝트 기반 학습의 성패의 반은 '모둠 세우기'에서 결정된다고 해도 과언이 아니다. 가능한 교사는 협동학습의 원리를 이해하고 학생과 학생, 교사와 학생 간의 상호작용을 만들 수 있는 스킬(skill)을 익혀야 한다.

- 프로젝트 수행 과제에 따라 모둠을 구성하는 학생 수를 결정하고 모둠의 과제 수행 능력을 강화할 수 있도록 학생 개인의 개성과 능력을 고려하여 구성원을 결정한다.
- 모둠원의 구성은 교사가 전시 학습에서 소속 모둠과 모둠에서의 역할을 고려하여 역할을 배정(예: 이끔이, 기록이, 자랑이, 챙김이 등)하고, 모둠원이 서로 중복되지 않도록 구성한다.

② 프로젝트 계획서와 스토리보드 작성하기

- 교사는 모둠장을 중심으로 프로젝트 계획서에 의해 모둠원 간 토의를 통하여 모둠 주제, 모둠명, 모둠 구호, 모둠 내의 역할 등을 정하게 한다.
- 모둠 토의에서 교사는 매우 소극적으로 참여하고 모둠원을 충분히 관찰하면서 배타적 자세에 있는 학생이나 토의 문화에 익숙하지 않은 학생을 기술적으로 도와주어야 한다.
- 주제 선정은 선수학습에서 다음 시간의 프로젝트 기반 학습의 내용을 예시함으로써 모둠원 간 짧은 시간을 이용하여 주제를 선정하도록 유도해야 한다.
- 학생들은 모둠 계획서와 스토리보드를 작성하여 제출하고, 교사는 이에 대한 피드백을 제공한다.

③ 모둠별 프로젝트 계획서와 스토리보드 발표하기

- 작성된 모둠별 프로젝트 계획서와 스토리보드를 전체 학생 앞에서 발표하게 하고, 발표 시간 5분과 질의응답 10분으로 제한한다.
  - 발표 시간은 5분으로 시간을 엄수하게 하여 제한된 시간 안에 발표 내용을 압축할 수 있는 능력을 갖추도록 한다.
  - 발표 후 질의응답 과정에서 전체 학생으로부터 새로운 아이디어나 미처

생각하지 못한 부분에 대해서 보충하도록 하며, 교사는 질의응답의 가치성을 제고하여 시간을 조절할 수 있다.

　– 교사도 질의응답의 한 참여자로 역할을 수행한다.

• 교사는 모둠별 프로젝트 계획서와 스토리보드에 대해 구체적이고 명확하게 피드백을 해주어야 하고 특히, 학생들이 좌절감이 들지 않도록 가능한 발전적 방향에서 피드백해 주어야 한다.

　– 교사는 결과도 중요하지만 프로젝트 기반 수업 과정에서 학생들이 경험을 통하여 얻어야 하는 가치에도 중점을 두고 피드백 내용을 결정해야 한다.

나) 프로젝트 수행 단계

① 프로젝트의 수행 과정

• 교사는 모둠원의 역할 분담에 의해서 준비된 자료를 모둠장을 중심으로 작성하게 한다.

• 교사는 각 모둠의 결과물 작성 과정과 진행 정도를 점검하고 결과물의 완성도를 높일 수 있도록 한다.

• 교사는 모둠의 보고서 작성 과정을 관찰하고 학생 개인의 역할 수행에 대해서 평가한다.

• 학생은 최종 결과물과 수행 과정 중 생산된 자료를 포토폴리오 또는 프로세스 폴리오로 정리하고 결과물과 함께 제출하도록 한다.

② 발표하기

• 교사는 학생들의 발표 시간을 미리 정해주고, 시간 내에 보고서를 발표할 수 있도록 한다. 이 단계에서는 실습실에 준비되어 있는 빔 프로젝터나 전자 칠판을 이용하여 학생들이 정보 기기를 능숙하게 다룰 수 있는 능력을 갖도록 한다.

• 모둠의 대표가 주어진 시간 내에 작성한 보고서 내용을 발표한다. 이때 교사는 청중 앞에서 자신의 의견을 조리 있게 발표하여 학생들의 프레젠테이션 능력이 향상될 수 있도록 세심한 주의를 기울인다.

4) 학습 정리 및 평가 단계

가) 보고서 정리 단계의 교수·학습 활동

① 보고서 정리

- 교사는 보고서 작성에 필요한 모든 자료를 프로젝트 과정 단계별로 활동 사진 및 자료를 정리해두어야 함을 매시간 항상 강조한다.
- 학습 과정에서 교사가 공급한 자료와 수행 과정 중에 생성된 모든 자료를 매시간 종료 후 파일에 정리해야 한다.
- 보고서에는 모둠명, 모둠원, 학습 일시, 장소 등을 기록하여 제출하도록 한다.
- 보고서는 다른 사람이 보고 쉽게 이해할 수 있도록 작성하도록 지도한다. 특히 그래픽의 경우는 메모를 삽입하여 읽는 사람의 이해를 도와주어야 한다.
- 학습 전체 과정에서 생산된 모든 자료를 모둠별로 파일에 학습 과정 순서에 따라 정리하여 제출하도록 한다.

② 발표 보고서 정리

- 교사는 학습 과정 중에 작성하고 있는 발표 자료에 대해 멘토의 입장에서 학생에게 항상 피드백을 해주어야 한다.
- 멀티미디어 발표 자료는 주제를 더욱 강조할 수 있도록 다양한 멀티미디어를 활용하게 한다.
- 교사는 발표 보고서 작성 과정에서 수준 높은 작품을 학생들에게 시연함으로써 완성도를 높이게 한다.
- 최종적으로 발표 보고서가 완성되면 모둠별로 발표 내용을 시뮬레이션하도록 한다.

나) 평가서 작성 단계의 교수·학습 활동

① 프로젝트 기반 학습 발표 평가표(타 모둠 평가)

- 학생들은 다른 모둠에 대한 '프로젝트 기반 학습 발표 평가표(타 모둠 평가)', '모둠 내 동료 평가서'를 작성하여 제출한다.
- 다른 모둠에 대한 평가는 평가의 객관성을 높이기 위한 자료로서의 가치도 있지만, 학생이 평가 과정을 통해 주어진 상황을 정확히 평가할 수 있는 평가 능력을 높여 주는 것도 중요하다.
- 교사는 발표 평가표(타 모둠 평가)를 적용하여 최종 학생 개인 평가 시 '모둠 평가 항목'에 반영하는 것을 학생들에게 공지한 후 평가서를 작성하게 한다.

② 모둠 내 동료 평가

- 모둠 내 동료 평가서는 같은 모둠 내 동료에 대해 잘한 점과 개선점을 기술한 것으로 평가 완료 후 모둠원들이 평가서의 내용을 서로 공유하도록 한다.
- 교사는 학생들이 평가 과정을 통해 동료가 자신에 대해 평가한 것에 대해서 긍정적으로 수용하는 자세를 바로 가질 수 있도록 사전에 지도해 주어야 한다.
- 교사는 동료에 대한 정확한 평가를 통해 서로가 발전할 수 있는 좋은 기회가 될 수 있음을 인지하도록 지도한다.

③ 프로젝트 기반 학습 활동 자기평가표

- 교사는 '프로젝트 기반 학습 활동 자기평가표'를 통하여 학습자 자신이 스스로를 냉정하고 솔직하게 평가할 수 있도록 하며, 이러한 평가의 과정을 통하여 학생 스스로 성장할 수 있는 계기가 될 수 있음을 인지시키는 것이 중요하다.
- 교사는 평가 과정을 통하여 동료가 자신에 대해 평가한 것에 대해서 긍정적으로 수용하는 자세를 바로 가질 수 있도록 사전에 지도해 주어야 한다.
- 교사는 동료에 대해 정확한 평가를 통해 서로가 발전할 수 있는 좋은 기회가 될 수 있음을 인지하도록 지도한다.

다) 피드백(Feedback)

- 프로젝트 기반 학습에서 교사는 학생에게 학습 과정에 대한 피드백뿐만 아니라 교수·학습 결과에 대해서도 피드백을 제공해야 한다. 프로젝트 기반 학습의 꽃은 학습 후 교사가 멘토가 되어 학생 각각의 개인에 피드백을 주는 것이다.
- 교육 대상에 따라서 개인별, 모둠별 피드백 방법을 결정해야 하며, 내용에 따라서 공개적, 비공개적 방법으로 피드백을 주어야 한다. 가장 효과적인 피드백 방법을 선정하기 위해 교사는 지속적으로 고민하고 판단해야 한다.
- 교사가 지나치게 간섭하지 않으면서 학생들 스스로가 학습 과정과 목표를 완성해 나갈 수 있게 하는 것이 교수·학습 과정의 가장 중요한 사항 중의 하나이다.

4. 프로젝트 기반 학습의 NCS 교수 · 학습의 실제

NCS 기반 교육과정의 실무과목 중에서 '화학분석' 과목에서 프로젝트 기반 학습을 적용한 사례는 다음과 같다.

가. PBL 구상

1) 학습내용 및 NCS 분석

가) NCS 기반 교육과정에서 실무교과와 인력양성유형의 확인

화학분석 실무교과와 인력양성유형의 화학분석 기술자와 연관성을 파악하고 화학분석 기술자가 갖추어야 하는 직무능력 중 가장 핵심이 되어야 하는 역량을 학습 여건[4]을 고려하여 선정한 결과는 다음과 같다.

① 분광 광도계를 활용한 분석 능력
② G·C(가스크로마토 그래피)를 활용한 분석 능력
③ HPLC를 활용한 분석 능력
④ AA(원자분광광도계)를 활용한 분석 능력

나) 내용 체계와 성취수준

아래 표에서 제시하는 화학분석 교과의 내용 체계(능력단위와 능력단위요소)를 파악하고 해당 영역의 성취기준을 확인한다.

---

4) NCS 교육과정을 위해 학교의 물리적 환경, 즉 실험기자재, 실습시설 등의 학교 환경과 학생의 학년별 또는 NCS 학습모듈의 학습내용의 난이도에 따라 학생이 학습이 가능한 정도를 나타내는 수학능력을 모두 포함하는 의미이다.

내용영역 (능력단위)	내용영역요소 (능력단위요소)	영역별 성취수준
시료 전처리 (1701010103 _13v1)	• 시료의 특성 확인 하기	• 분석 기기를 활용하여 시료의 결정형, 입도 자료와 같은 물리적 특성을 확인할 수 있다. • 분석 기기를 활용하여 시료의 구조식, 용해도, 녹는 점과 같은 화학적 특성을 확인할 수 있다. • 분석 기기를 활용하여 시료의 생물학적 특성을 확인 할 수 있다.
	• 전처리 준비하기 • 전처리 실시하기	
이화학 · 기기 분석 (1701010104 _13v1)	• 이화학 분석 실시 하기	• 분석 관련 표준 작업 지침서에 따라 이화학 분석에 필요한 초자, 기구, 시약을 준비할 수 있다. • 분석 관련 표준 작업 지침서에 따라 적정, pH, 무게, 밀도 등을 측정할 수 있다. • 분석 결과에 따른 정밀성, 정확성을 비교할 수 있다.
	• 기기 분석 실시하기	• 분석 장비의 사용 설명서에 따라 장비를 운용할 수 있다. • 분석 조건에 따른 시험 결과의 정확성과 정밀성을 비교 하고 판단할 수 있다. • 분석 장비별 변경 가능한 분석 조건을 확인할 수 있다. • 분석 장비별 분석 조건의 변경에 따른 결과를 예측할 수 있다.
	• 측정 데이터 확인 하기	
분석 결과 보고서 작성 (1701010105 _13v1)	• 분석 원리 이해하기 • 분석 결과 종합하기	
	• 분석 결과 해석하기	• 분석 결과를 통계적 기법, 그래프, 도표를 이용하여 해석할 수 있다. • 분석 장비, 표준 물질, 분석 시료의 농도, 전처리 방법, 조작 조건이 시험 방법서에 따라 수행되었는지 비교 하고 검증할 수 있다. • 측정 데이터가 기준치 이내이지만 결과값의 편향이 발생하였을 경우, 분석 조건과 시험 방법을 재검토한 후 재분석을 실시할 수 있다.

내용영역 (능력단위)	내용영역요소 (능력단위요소)	영역별 성취수준
	• 분석 결과 보고서 작성하기	• 시험의 적합성과 신뢰성을 보장하기 위한 제반 사항을 절차서에 따라 기록할 수 있다. • 성적서를 해당 규정에서 요구하는 양식에 따라 작성할 수 없는 경우, 각각의 시험 유형에 적합하도록 시험자의 고찰을 포함한 결과 보고서를 작성할 수 있다.

2) 프로젝트 기반 학습의 구상

가) 프로젝트 기반 학습을 통해 기대하고자 하는 학생의 성장 영역

화학분석 교과의 학습으로 학생은 고객이 의뢰한 시료를 정확하게 분석하고 그 결과를 보고서로 작성하여 고객에게 제시할 수 있는 기술적 능력을 함양해야 한다. 고객을 상대하거나 분석과정이 복잡하여 다수의 분석 기술자와 협력하여 분석 업무를 수행하는 경우도 발생하기 때문에 학습을 통하여 기술적 능력의 함양과 더불어 정의적 영역의 성장 또한 고려되어야 한다.

나) 학습 흐름의 구상

다음 그림과 같이 전체 학습에 대한 큰 흐름을 구상하여 프로젝트 기반 학습에서 처음에 구상했던 것과 같이 학습의 핵심인 '학생의 교육적 성장'을 놓치지 않았는지를 검토하고 학습 각 단계에서 교사와 학생이 수행해야 하는 교수·학습 활동을 기록하였다.

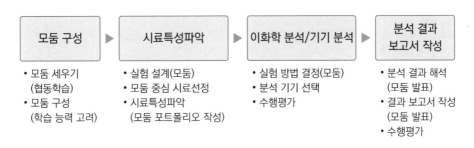

▲ 그림 9 학습 흐름의 구상

나. PBL 수업 설계

위의 '1. PBL 구상'에서 구상된 화학분석 교과의 수업 설계를 아래 그림과 같은 PBL 수업 설계서의 양식을 활용하여 작성하였다.

PBL 수업 설계서

① 주제: "나는 과학수사대 최고의 화학분석사!!"
② 대상 학생: 화학공업과 2학년
③ 교과연계

세분류	내용영역	내용영역요소
화학물질분석 (화학분석)	시료 전처리 (1701010103_13v1)	• 시료의 특성 확인하기 • 전처리 준비하기 • 전처리 실시하기
	이화학 · 기기 분석 (1701010104_13v1)	• 이화학 분석 실시하기 • 기기 분석 실시하기 • 측정 데이터 확인하기
	분석 결과 보고서 작성 (1701010105_13v1)	• 분석 원리 이해하기 • 분석 결과 종합하기 • 분석 결과 해석하기 • 분석 결과 보고서 작성하기

• 교과 학습내용과 연관성
  – 화학분석 기술자는 화학분석 기술에 필요한 분석 시료의 특성을 이해하고 이화학 분석 능력이 있어야 하며 분석 기기를 활용하여 고도의 정량 · 정성 분석 기술 능력을 갖추어야 한다.
  – 사고의 원인을 과학적으로 규명하는 데 다양한 화학분석 기기가 활용되며 분석 기기를 운전하고 분석된 결과를 해석할 수 있는 화학분석 기술자를 필요로 한다.
• 기업체 요구 기술과 연관성
  – 현장의 품질관리와 연구 실험에 활용될 수 있는 이화학 분석과 기기 분석 기술 능력을 요구하고 있다.
  – 바른 인성과 창의적 기술력을 갖춘 인재의 필요성을 산업현장에서 요구하고 있다.
④ 학습목표: 수행 준거 참조
⑤ 학습 기간 및 차시
• 총 학습 시간: 119차시
• 학습 기간: 1개 학기(화학분석 교과(7단위)×17주 = 119시간)
⑥ 학습 단계 설계
• 모둠 세우기(모둠 세우기, 역할 분담, 미션 수행하기)
• 주제 선정
• 주제 발표
• 수행 계획 수립
• 수행 계획 발표
• 과제 수행
• 문제해결
• 결과 발표
• 결과물 전시
• 평가 및 피드백

▲ 그림 10 PBL 수업 설계서

■ 표 8 PBL 단계별 직업기초능력 연계

직업기초능력		화학분석교과 프로젝트 기반 학습 과정									
영역	하위영역	모둠세우기	주제선정	주제발표	수행계획수립	수행계획발표	과제수행	문제해결	결과발표	결과물전시	평가및피드백
의사소통능력	문서이해능력		✓	✓	✓					✓	
	문서작성능력		✓	✓	✓				✓	✓	
	경청능력	✓		✓		✓			✓		✓
	의사표현능력	✓	✓	✓		✓			✓		
	기초외국어능력										
수리능력	기초연산능력		✓		✓						
	기초통계능력				✓						
	도표분석능력		✓		✓						
	도표작성능력				✓					✓	
문제해결능력	사고력		✓		✓		✓	✓			✓
	문제처리능력			✓	✓	✓	✓	✓	✓		✓
자기개발능력	자아인식능력									✓	✓
	자기관리능력									✓	✓
	경력개발능력										✓
자원관리능력	시간관리능력	✓	✓	✓	✓	✓	✓		✓		
	예산관리능력		✓		✓		✓				
	물적자원관리능력		✓		✓		✓			✓	
	인적자원관리능력		✓		✓		✓				
대인관계능력	팀워능력	✓	✓	✓	✓	✓	✓		✓		
	리더십능력	✓			✓		✓				
	갈등관리능력	✓					✓				
	협상능력	✓		✓		✓	✓	✓	✓		
	고객서비스능력	✓					✓				

직업기초능력		화학분석교과 프로젝트 기반 학습 과정									
영역	하위영역	모둠세우기	주제선정	주제발표	수행계획수립	수행계획발표	과제수행	문제해결	결과발표	결과물전시	평가 및 피드백
정보능력	컴퓨터활용능력		✓	✓	✓	✓	✓		✓	✓	
	정보처리능력		✓		✓		✓			✓	
기술능력	기술이해능력		✓		✓		✓				
	기술선택능력		✓		✓		✓				
	기술적용능력		✓		✓		✓				
조직이해능력	국제감각										
	조직체제이해능력	✓					✓				
	경영이해능력										
	업무이해능력	✓		✓		✓	✓		✓	✓	✓
직업윤리	근로윤리										
	공동체윤리									✓	✓

▌표 9 화학분석 교과 프로젝트 기반 학습의 단계별 시간 산출표

연번	단계	교수 · 학습 활동 내용	시간 (hr)	참조
1	모둠 세우기	1. 모둠 구성 2. 모둠 활동(모둠장, 역할분담, 래포형성) 3. 업무 분담 4. 모둠 세우기 활동(명패 만들기, 모둠명 정하기, 모둠구호, 모둠 액션 활동)	7	
2	주제 선정	1. 분석 시료 선택과 분석 방법 결정 2. 분석 시료에 대한 인터넷, MSDS 등 자료 수집 3. 주제 선정하기, 주제 정하기	7	
3	주제 발표	5모둠 각각 발표 및 피드백	7	
4	수행 계획	1. 분석 실험 설계 2. 분석 시료 선택 3. 특성 조사	14	

연번	단계	교수 · 학습 활동 내용	시간 (hr)	참조
		4. 실험 단계 검토 5. 실험 소요재료, 기자재 조사 및 확인 6. 수행업무 분담, 자료 수집		
5	수행 계획 발표	5모둠 각각 발표 및 피드백	7	
6	과제 수행	1. 수행업무 분담, 자료 수집 2. 관련 기초이론 학습과 공업화학 교과 관련 내용 학습 3. 물질의 특성 파악(NCS 학습모듈 활용) 4. 이화학 분석 원리와 방법 학습(NCS 학습모듈, 학습 자료 활용) 5. 분석 기기의 원리의 이해(NCS 학습모듈, 학습 자료 활용)와 운전 6. 분석 실험의 설계와 설계 검증(토의/발표/피드백) 7. 분석 실험 수행(수행평가) 8. 분석 결과 산출(수행평가) 9. 분석 결과의 해석(수행평가) 10. 분석 결과 보고서 작성(수행평가) 11. 과제 수행 중 모둠별 중간 진행 사항 발표 및 피드백	43	교사의 학습 지원과 수행 평가의 시간 확보
7	문제해결	프로젝트 수행 중 문제해결 발견 및 문제해결 과정 → 문제해결(결과) 발표/피드백	14	
8	결과 발표	1. 결과 보고서(발표용) 작성 2. 5모둠 각각 발표 및 피드백	7	
9	결과물 전시	1. 5모둠 결과물 전시자료 작성 및 전시 2. 학습 전체 과정 모둠별 동영상 제작 발표	7	
10	평가 및 피드백	전체 평가 및 피드백	7	
총 소요시간			120	

다. 수업 설계

1) 화학분석 교과 진도 계획표

▌표 10 '화학분석' 실무과목 진도계획표 예시

월	주	일	교과 내용		성취기준	시간	행사
			내용영역 (능력단위)	내용영역요소 (능력단위요소)			
3	1		시료 전처리 (1701010 103_13v1)	시료의 특성 확인하기	시료의 특성을 확인하고 전처리를 준비하며, 시료 전처리를 실시할 수 있다.	7	
	2			시료의 특성 확인하기		7	
	3			시료의 특성 확인하기		7	
	4			전처리 실시하기		7	
	5			전처리 실시하기		7	
4	6			전처리 실시하기		7	
내용영역(능력단위) 이수시간 합계						42	
4	7		이화학· 기기 분석 (1701010 104_13v1)	이화학 분석 실시하기	이화학 분석, 기기 분석을 실시하고 측정 데이터를 확인할 수 있다.	7	
	8			이화학 분석 실시하기		7	
	9			이화학 분석 실시하기		7	
5	10			기기 분석 실시하기		7	
	11			기기 분석 실시하기		7	
	12			기기 분석 실시하기		7	
	13			기기 분석 실시하기		7	
	14			기기 분석 실시하기		7	
6	15			기기 분석 실시하기		7	
	16			측정 데이터 확인하기		7	
내용영역(능력단위) 이수시간 합계						70	
6	17		분석 결과 보고서작성(	분석 결과 종합하기	항목별 시험 결과를 정확하게 보고하기 위	7	
	18			분석 결과 종합하기		7	

월	주	일	교과 내용		성취기준	시간	행사
			내용영역 (능력단위)	내용영역요소 (능력단위요소)			
7	19		1701010105_13v1)	분석 결과 해석하기	해 분석 원리 이해, 분석 결과 종합, 분석 결과 해석, 측정 불확도 결정, 시험 성적서 검증, 결과 보고서 작성 등을 수행할 수 있다.	7	
	20			분석 결과 해석하기		7	
	21			분석 결과 해석하기		7	
	22			분석 결과 보고서 작성하기		7	
내용영역(능력단위) 이수시간 합계						42	
총 이수시간 합계						154	

2) 수업 설계서

▌표 11 PBL에서 NCS 학습모듈 수업설계서 예시

학습내용(학습모듈명/능력단위)		세부 학습내용(학습모듈명/능력단위요소)	
이화학 · 기기 분석 (1701010104_13v1)		이화학 분석 실시하기	
학습목표	분석 관련 표준 작업 지침서에 따라 이화학 분석에 필요한 초자, 기구, 시약을 준비할 수 있다.		
교수 · 학습 방법	PBL/협동학습	평가 방법	작업장 평가, 구두평가
직업기초 능력	의사소통능력, 기술능력, 수리능력		

단계	교수 · 학습 활동		시간
	교사	학생	

도입	• 시료 전처리 학습내용 진단평가
	  (구두평가)
	• 학습 동기 유발
	  이화학 분석을 이용한 범죄 증명
	  (동영상)
	• 학습목표 기술
		• 개인별 답변
		• 동영상 시청
		
		• 학습목표 인지
		  모둠 완성 문장 참여
		• 모둠 기록
			3

단계	교수 · 학습 활동		시간
	교사	학생	
	완성 문장 만들기 • 학습 전체 과정 설명(ppt) • 총괄 평가 안내	• 개인 기록	
전개	• 초자 기구 명칭 확인하기-암기 숙달 구조 • 초자 다루기-시범 실습 • 이화학 분석 종류에 따른 분석 방법 조사하기 모둠 과제 부여(포트폴리오) 포트폴리오 평가하기 • 이화학 분석 모둠별 2개 종류 발표하기 • 모둠 발표에 대한 feed-back • 이화학 분석 실험 모둠별 과제 선정 • 모둠별 수행 계획 발표 및 feed-back 창의적 실험과정 모색 다양한 형태의 실험 모형 소개 • 이화학 분석 실험 실시 • 실험 결과 보고서 작성 안내(PPT) 사례 중심 설명	• 초자 기구 명칭 인지(모둠 활동) • 개인별 초자실습 • 모둠과제 수행 포트폴리오 작성 제출 • 모둠발표 • feed-back 반영 수정 제출 • 모둠별 수행 과제 선정 • 모둠별 수행 계획 발표 • 과제 수행-이화학 분석 실험 진행 • 실험 결과 보고서 작성	15
정리 및 평가	• 실험 결과 모둠 발표 • 실험 결과 feed-back • 이화학 분석의 원리 지필평가(총괄 평가 반영) • 실험 결과 보고서 평가 • 실험 전체 과정 동영상	• 실험 결과 모둠 발표 참여 • 실험 결과 보고서 수정 보완 • 지필평가 • 실험 결과 보고서 제출 • 실험 전체 과정 동영상 시청 후 소감 발표	3

3) 평가

가) 수행평가 세부 계획

영역	평가 항목	평가 요소	평가 방법	배점
실험 설계	실험 환경 분석	소요 실험 장치 및 기구 파악	포트폴리오 평가	20
		소요 시약 및 활용 자료 파악		
	실험 계획	실험 결과 도출 가능성		
		실험 방법의 적절성		
		실험 계획서의 명료성		
실험 과정	실험 준비	실험 장치 및 기구 준비	피평가자 체크리스트	10
		시약 및 활용 자료 준비		
	실험 수행	실험 방법 준수	작업장 평가	20
		실험 장치 및 기기 활용 능력		
		용액 제조 능력		
		측정 결과값 처리 능력		
	실험 태도	실험실 안전 및 정리정돈	자기평가 동료 평가	5
		협동심		5
실험 결과	실험 결과 보고서	실험 결과 보고서 구성 요소	보고서 평가	30
		실험 결과값 오차		
		정확도와 정밀도 산출 과정		
	실험 결과 해석	정확도와 정밀도 비교 분석	논술형 평가	10
계				100

나) 수행평가 채점 기준표

① **포트폴리오 평가**(실험 설계/실험 환경 분석, 실험 계획)

평가 요소	채점 기준	배점	만점
실험 방법의 적절성	항온수조온도유지-염화나트륨 수용액의 %농도 제조-비중병을 이용하여 증류수와 염화나트륨 수용액의 밀도와 비중 측정하기 과정의 순서가 명료하게 계획되었다.	5	5

평가 요소	채점 기준	배점	만점
	항온수조온도유지-염화나트륨 수용액의 %농도 제조-비중병을 이용하여 증류수와 염화나트륨 수용액의 밀도와 비중 측정하기 과정의 순서가 1개소 이상 바뀌어 계획되었다.	3	
	항온수조온도유지-염화나트륨 수용액의 %농도 제조-비중병을 이용하여 증류수와 염화나트륨 수용액의 밀도와 비중 측정하기 과정의 순서가 2개소 이상 바뀌어 계획되었다.	1	
실험 계획서의 명료성	실험목적, 실험준비물, 실험 방법, 실험 결과 처리 방법을 모두 포함하고 항목별로 구분하여 계획서가 작성되었다.	5	5
	실험목적, 실험준비물, 실험 방법, 실험 결과 처리 방법을 1개 이상 누락하고 항목별로 구분하여 계획서가 작성되었다.	3	
	실험목적, 실험준비물, 실험 방법, 실험 결과 처리 항목이 2개 이상 누락되었거나 항목별로 구분하지 않고 계획서가 작성되었다.	1	

② **작업장 평가**(실험 과정/실험 수행, 실험 계획)

평가요소	채점 기준		배점	만점
실험 방법 준수	① 항온수조온도유지-②염화나트륨 수용액의 %농도 제조-③비중병을 이용하여 증류수와 염화나트륨 수용액의 밀도와 비중 측정하기의 실험 과정을 순서대로 준수하고 있다.		5	5
	① 항온수조온도유지-②염화나트륨 수용액의 %농도 제조-③비중병을 이용하여 증류수와 염화나트륨 수용액의 밀도와 비중 측정하기의 실험 과정에서 ①과 ②과정의 순서를 바꾸어 수행하고 있다.		3	
	① 항온수조온도유지-②염화나트륨 수용액의 %농도 제조-③비중병을 이용하여 증류수와 염화나트륨 수용액의 밀도와 비중 측정하기의 실험 과정에서 ①과 ③과정의 순서를 바꾸어 수행하고 있다.		1	
실험 장치 및 기기 활용 능력	• 항온수조의 온도를 일정하게 유지 • 무게 측정 시 비중병의 물기 제거 • 건조시킨 비중병 사용 • 비중병의 세척과 건조 유지 • 동일한 비중병 사용으로 오차 해소	모든 항목 만족	5	5
		3개 항목 이상 만족	3	
		2개 항목 이하 만족	1	
용액 제조 능력	염화나트륨 수용액 5%, 10%, 15%, 20%를 제조하기 위해서 필요한 염화나트륨의 양을 정확하게 계산할 수 있으며, 수용액에서 염화나트륨을 충분히 용해시킨 것을 확인한 후에 사용한다.		5	5

평가요소	채점 기준		배점	만점
	염화나트륨 수용액 5%, 10%, 15%, 20%를 제조하기 위해서 필요한 염화나트륨의 양을 정확하게 계산할 수 있으며, 수용액에서 연화나트륨의 용해 정도를 확인하지 않고 사용한다.		3	
	염화나트륨 수용액 5%, 10%, 15%, 20%를 제조하기 위해서 필요한 염화나트륨의 양을 계산하는 데 미숙하며, 수용액에서 염화나트륨을 충분히 용해시키지 않고 사용한다.		1	
측정 결과값 처리 능력	① 농도별로 계산된 비중을 표로 작성 ② 작성된 표를 근거로 농도와 비중의 관계를 그래프로 표현 ③ 측정값을 이용하여 비중 산출 ④ 표와 그래프 작성에서 오차 범위는 ±0.5% 이내	모든 항목 만족	5	5
		③, ④ 항목과 나머지 항목 중 1개 항목 이상 만족	3	
		2개 항목 이하 만족	1	
계				20

참고문헌

강인애 편(2003). PBL의 이론과 실제. 문음사.

경기도교육청(2011). 수석교사와 함께하는 배움 중심 교수-학습 자료.

교육부·서울특별시교육청·한국직업능력개발원(2016). NCS 기반 교육과정 편성·운영 안내서.

교육부·한국직업능력개발원(2016). NCS 학습모듈 개발 매뉴얼.

기영하(2004). 평생교육방법론. 학지사.

김광자(1996). 실기교사를 위한 교수·학습 방법론. 학문사.

김대현 외(2001). 프로젝트 학습방법의 운영. 학지사.

김성남 외(2015). 국가직무능력표준(NCS) 학습모듈 활용 실태 분석. 한국직업능력개발원.

김은주(2013). 독서 기반 토의·토론 프로그램이 초등학생의 글쓰기 능력에 미치는 영향. 가톨릭대학교 교육대학원 석사학위논문.

김정식(2011). 예비교사를 위한 공업교육학. 공학교육사.

김정호·김대들·이병욱(2016). 기계설계 과목에 적용한 문제중심학습(PBL)이 특성화 고교생의 직업기초능력에 미치는 영향. 한국기술교육학회지. 16(3). 56-173.

김현섭(2016). 협동학습의 원리 및 실제. 한국협동학습연구회.

나승일(2015). 대학에서의 효과적인 교수법 가이드. 서울대학교출판문화원.

노태천·이용순·류병로·김태훈(2015). 공업교육학신론(개정판). 문음사.

류창열(2007). 기술교과 교수법. 충남대학교 출판부.

변영계(2005). 교수·학습 이론의 이해(2판). 학지사.

손주민(2009). 공업고등학교 건축교육에서 소집단을 구성할 때 TAOK 학생의 참여 여부가 프로젝트 학습에 미치는 효과. 충남대학교 박사학위논문.

손호일(2014). 경기도 수업혁신팀 프로젝트 기반 학습 역량강화 연수. 경기도교육청.

손호일(2016). 2016 NCS 기반 교수·학습 및 평가개선 심화연수. 교육부.

신재한 외(2016). 창의인성교육을 위한 토의·토론교육의 이해와 실제. 한국학술정보.

이무근·김재식·김판욱(2020). 실기교육방법론 (제5판). 교육과학사.

이상봉(1998). 기술과 수행 평가의 실제. 교육월보. 204.

이양락(2015). 협동학습을 통한 과학 교수－학습. 교육과학사.

전창욱(2013). 참여형 수업을 이끄는 창의적 교수법 47가지. 서울: 미래와경영.

정문성(2004). 토의·토론 수업의 개념과 수업에의 적용모델에 관한 연구. 열린교육연구. 12(1). 150.

정문성(2016). 토의·토론 수업 방법 56. 교육과학사.

조규락·김선연(2006). 교육방법 및 교육공학: 교육공학의 3차원적 이해. 학지사.

조용개 외(2009). 성공적인 수업을 위한 교수전략. 학지사.

최유현(1995). 기술교과 교육에 있어서 기술적 교양 목표성취를 위한 문제해결 수업전략의 효과. 서울대학교 박사학위논문.

최유현(2005). 기술교과교육학. 형설출판사.

홍순태(2016). 협동학습의 이론과 실제. 한빛문화.

국가교육과정정보센터. 2015개정 교육과정 전기전자 교과 교육과정
(http://www.ncic.go.kr/)

국가교육과정정보센터. 2015개정 교육과정 전기전자 교과 학습모듈
(http://www.ncic.go.kr/)

네이버 블로그. 소집단 학습. 상보적교수/협동학습/협동학습 모형
(https://blog.naver.com/ybluesea26/220909237268)

Alexopoulou, E., & Driver, R. (1996). Small－group discussion in physics: Peer interaction modes in pairs and fours. Journal of Research in Science Teaching, 33(10), 1099－1114.

Breckon, A. (Series Ed.), Finney, M．, & Fowler, P. (1986). Collins CDT: Foundation course. Teacher's book. London: Collins Educational.

Chan, K. W., & Galton, M. (1999). Cooperative learning in Hong Kong schools: Attitudes of teachers and pupils toward cooperative group work. ED 435609.

Eggen, P. D., Kauchak, D. P. (2006). Strategies for Teachers. 임청환, 권성기 (역). 교사를 위한 수업전략. 시그마프레스. (원서출판 2001)

Gredler, M. E. (2006). Learning and Instruction: Theory into Practice. 이경화, 최병연, 김정희 (역). 교수－학습의 이론과 실제. 아카데미프레스. (원서출판 2005)

Jacob 외, 『The Teacher's Sourcebook for Cooperative Learnning』, Corwin Press, 2002.

Thom Markharn & John Larmer & Joson Ravitz, RhD, 프로젝트기반 학습 입문서.

Waetjen, W. B. (1989). Technological Problem Solving: A Proposal, International Technology Education Association (ERIC Document Reproduction Service No. ED 334.464).

저자약력

성 명	경력사항		관심분야
	전	현	
이병욱	대통령직속국가 교육회의 위원	충남대학교 기계공학교육과 교수	교육정책, 직업교육, 진로교육, 발명지식재산교육 등
최창원	국가산학연협력 위원회 위원	경북식품과학마이스 터고등학교 교장	중등직업교육, 직업계고 교육과정, 산학협력 등
손호일	국가교육과정 심의위원	군자디지털과학고등 학교 수석교사	NCS기반 교육과정, 학생 중심 교수-학습-평가 연구 등
손주민	충남대학교 겸임교수	대전공업고등학교 수석교사	혁신교육, 전문적 학습공동체, 퍼실리테이션, 공간혁신 등
안재영	충남기계공업고, 대전공업고 교사	한국직업능력 연구원 연구위원, 한국교원대학교 교육정책전문대학원 겸임교수	직업교육, 교육과정, 교원정책 등
이찬주	경기도교육청 교사·장학사 (재)경기도교육연구원 연구위원	안동대학교 전자공학교육과 교수	직업교육정책, 직업교육, 교사교육, 교육과정 등
김대들	광주공업고등학교 교사	광주광역시교육청 장학사	직업교육, 교육과정, 교육정책 등

국가직무능력표준(NCS) 기반 교수법과 실제

초판발행	2022년 2월 15일
지은이	이병욱 · 최창원 · 손호일 · 손주민 · 안재영 · 이찬주 · 김대들
펴낸이	노 현
편 집	김다혜
기획/마케팅	정연환
표지디자인	Ben Story
제 작	고철민 · 조영환
펴낸곳	㈜ 피와이메이트
	서울특별시 금천구 가산디지털2로 53, 한라시그마밸리 210호(가산동)
	등록 2014. 2. 12. 제2018-000080호
전 화	02)733-6771
f a x	02)736-4818
e-mail	pys@pybook.co.kr
homepage	www.pybook.co.kr
ISBN	979-11-6519-218-1 93370

copyright©이병욱 · 최창원 · 손호일 · 손주민 · 안재영 · 이찬주 · 김대들, 2022, Printed in Korea

정 가   20,000원

박영스토리는 박영사와 함께하는 브랜드입니다.